MEIXUE GAILUN

美 学 概 论

主　编　任　惠　白春民
副主编　袁　睿　高　建　付永发　延　续
编　者　任　惠　白春民　袁　睿　高　建
付永发　延　续　冯小卫

西北工業大學出版社

图书在版编目（CIP）数据

美学概论/任惠，白春民主编．—西安：西北工业大学出版社，2015.8(2016.4 重印)
ISBN 978-7-5612-4574-3

Ⅰ.美… Ⅱ.①任… ②白… Ⅲ.①美学—概论 Ⅳ.①B83

中国版本图书馆 CIP 数据核字(2015)第 201294 号

出版发行：西北工业大学出版社
通信地址：西安市友谊西路 127 号　　邮编：710072
电　　话：(029)88493844　88491757
网　　址：www.nwpup.com
印 刷 者：陕西宝石兰印务有限公司
开　　本：787 mm×1 092 mm　1/16
印　　张：8.375
字　　数：165 千字
版　　次：2015 年 9 月第 1 版　　2016 年 4 月第 3 次印刷
定　　价：30.00 元

前 言

根据武警部队院校新的文化基础课程设置方案，武警工程大学理学院哲学教研室编写了这本《美学概论》教材。本教材的编写以辩证唯物主义和历史唯物主义为指导，具体分为美的本体论、美感、美育三部分。在编写过程中注重了学员对美学基本理论的完整掌握，在此基础上，引导他们对各类艺术的审美特点有所了解。教材着重体现了军校学员人文素质教育应该具有的美学知识，又注重了学员研究性学习和创新能力的培养，最后落脚点是美育，通过美育，实现自身的美化，也就是在对中国梦的追寻过程中，实现理想人格的追求。本教材是依据武警部队院校转型、部分培养对象为人文社科类指挥专业学员这一实际状况而编写的。通过学习，使学员扩大知识面、提高人文素质、勇于创新、具有使命意识，为以后胜任部队基层指挥工作打下良好基础。

本教材由武警工程大学哲学教研室全体同志分工协作编写。任惠、白春民任主编，袁睿、高建、付永发、延续任副主编。编写分工为：绪论，任惠；第一章，白春民、冯小卫；第二章和第六章，袁睿；第三章和第七章，付永发；第四章，高建；第五章，延续。全书由任惠、白春民统稿。

编写本教材，曾参阅了相关文献资料，同时得到了武警工程大学各级领导多方面的指导和帮助，在此谨向相关文献资料的作者以及各级领导致以诚挚的谢意。

由于水平有限，本教材难免有疏漏之处，敬请读者批评指正。

编 者

2015 年 5 月

目 录

绪　论

在现实生活中,到处都存在着美;在现实生活中的人,大家都喜爱美,欣赏美,并不断地创造美。由于美的存在和发展,由于人类审美活动的不断展开,于是,作为专门研究人与现实的审美关系的科学——美学,也就历史地产生了。

一、美学是一门既古老又年轻的学科

人类的审美意识和美学思想的历史是很古老的,但是美学作为一门科学,却又是十分年轻的。

从历史上看,人类发现美、欣赏美以至从不自觉到自觉地在实践中创造美,是由来已久的。据考古学证明,人类的历史大约已有四五百万年,而人类创造的原始艺术品,则大致出现在距离现今数万年的旧石器时代。在1879年发现了西班牙阿尔塔米拉洞穴的壁画以后,普遍认为一种比较成熟的艺术至少在三万年前的冰河期就已经产生。开始是以粗略的轮廓和抽象的符号表现动物和人体的图画和雕刻,后来图像变得比较细致和清晰。出土的石器时代的各种遗留物,包括建筑、墓葬群、石器、陶器以及最初的装饰品等等,生动形象地向人们展示出古代居民的审美意识和审美观念的演变,代表着人类文明所经历过的一个重要历史阶段。考古学家们正在致力于揭开这些文物所显示的古代居民生活的各个方面的涵义。一般认为,这些古代文物蕴蓄着实用的、巫术礼仪的种种内涵,其中也透露出古代居民所理解的具有神秘色彩的审美情趣。

从对于具体的美的事物的欣赏,到凝聚为一种较为抽象的美的观念,无疑地经历了一个漫长的发展过程。标志着这一演变过程进入新阶段的重要成果,是在语言及文字中出现了"美"。以汉语来说,"美"字最早见于殷代的甲骨文。东汉时代的许慎在《说文解字》(《说文》)中解释说:"美,甘也。从羊从大,羊在六畜主给膳也。"徐眩注释说:"羊大则美,故从大。"可见古代美与善(即实用意义)同义。在殷虚卜辞的甲骨文中,美、羊、大的写法都与《说文》中的写法相同。《说文》羌下云:"大,人也。"大部又云,"大象人形"。所以"羊大为美"也就是"羊人为美"。最近有的研究者认为,"美"就是以羊头或羊角为装饰的人。也有人把"美"解释为"头上戴羽毛装饰如雉尾之类的舞人之形"。这两种说法都表明,"美"字是古代巫师化装跳舞(或称跳神)的象形字,说明了"美"的本义在于从事物的众多涵义中显示出外观形式的美丽、美观的意义。现代欧洲语言中的“美”“漂亮”等词的基础词，大多来源于梵文、古希腊语和拉丁语、哥特语。它们的本义既同表现人对现实的实践关系的词——健康、道德纯正、应受优待、好、舒适、合适、迅速、豪气、赞扬、光荣、有礼貌等相关，也同表现人对现实的情感关系的词——愉快、高兴、快活等有关。前者表明“美”和“善”是近义的，后者则侧重于表现人对事物的美丽外观的评价关系。

人们对于美的事物在观念上进行概括和辨析，标志着人类对美进行理论研究的开始。现存的古代典籍中，还保留着人类进行美学研究的不少资料。在我国，早在两三千年前的奴隶制时代，人们对于一系列与美有关的问题，已经试图从理论上进行把握了。

据《国语》记载，楚灵王筑成了华丽的章华台，非常得意，便对他的臣子伍举说：“台美夫！”伍举回答道：“臣闻国君服宠以为美，安民以为乐，听德以为聪，致远以为明。不闻以其土木之崇高、彤镂为美……。”伍举对自己的见解作了具体的说明之后，就给美下了这样一个定义，“夫美者，上下、内外、大小、远近皆无害焉，故曰美。若于目观则美，缩于财用则匮，是聚民利以自封而瘠民也，胡美之为？”这是我国较早的对美的本质的一种看法。照伍举看来，美与不美，不能仅仅决定于“目观”，而必须同社会功利、国计民生联系起来考察。这里，伍举强调的是美与善的联系，至于美与善的区别，则被他忽略了。在我国首先注意到美与善有所不同的，当推孔子。他对《韶》乐的评价是“尽美矣，又尽善也”。而对《武》乐的评价则为“尽美矣，未尽善也”。孟子继承和发展了孔子的美学思想，不仅提出“充实之谓美，充实而有光辉之谓大”，从内容和形式两个方面对美的内涵作了界定，而且就共同的美感问题表述了相当精辟的见解。孟子说：“口之于味也，有同耆焉；耳之于声也，有同听焉；目之于色也，有同美焉。”这对我们今天研究美感的共同性，仍然有很大的启发。此外，墨子关于“食必常饱，然后求美”的论述；老子、庄子提出的美丑关系相对性学说；荀子的“不全不粹之不足以为美”的观点，以及“心忧恐，则口衔刍豢而不知其味，耳听钟鼓而不知其声，目视黼黻而不知其状，轻暖平簟而体不知其安”的美感论；……都显示了先秦时代，我国一些思想家已经广泛涉及到人类审美活动的许多方面，并取得了一系列重要成就。

事实上，从战国后期开始，随着物质生产的发展、精神生活的丰富，特别是文学艺术的繁荣，美学问题不仅得到了更为普遍的重视，而且深入到了文学、音乐、绘画、戏剧等各个艺术领域，并取得了丰硕的成果。比如，文论方面有陆机的《文赋》，钟嵘的《诗品》，刘勰的《文心雕龙》，司空图的《诗品二十四则》，白居易、苏轼的诗论和文论，严羽的《沧浪诗话》，叶燮的《原诗》等；乐论方面有荀子的《乐论》，公孙尼子的《乐记》，嵇康的《声无哀乐论》等；画论方面有顾恺之的《论画》，谢赫《古画品论》，张彦远的《历代名画记》，郭熙的《林泉高致》，石涛的《苦瓜和尚画语录》等；剧论方面有王骥德《曲律》，李渔的《闲情偶寄》等；书论方面有孙过庭的《书谱》，张怀瓘的《书断》等……这些著作体现了对美的规律的探索和把握，同审美体验与艺术鉴赏的有机结合，显示了我国古代美学的鲜明的民族特色。

在西方，美学研究的历史也是源远流长的。在公元前6世纪末，古希腊的毕达哥拉斯学派，就根据“数的原则”来剖析美，认为美在于对立因素的和谐的统一，把杂多导致统一，把不协调导致协调。这一观念，对后世美学产生了深远的影响。柏拉图则从哲学的高度，对美的问题进行了深入的探讨。在他的美学名著《大希庇阿斯篇》中，他不仅对当时流行的种种美学见解提出了异议，而且辨析了“什么是美”和“什么东西是美的”这两个不同性质的命题。柏拉图强调，回答“什么是美”，就是要找出“美本身”具有的特点，把握美的普遍规律。此外，柏拉图还从唯心主义世界观出发，对于艺术美的种种问题作了具体的阐述。亚里士多德在批判地继承了柏拉图美学见解的同时，又有不少突破与创新，对欧洲美学思想的发展作出了杰出的贡献。亚里士多德肯定了现实生活中美的客观存在，肯定了艺术美对生活的依存关系，肯定了艺术作品中塑造的人物形象可以而且应该“比原来的人更美”……这些卓越的见解，在美学发展史上，都具有十分重要的价值。在中世纪的欧洲，哲学成为“宗教的婢女”，美学研究当然也处于停滞状态。直到适应资本主义要求的文艺复兴运动兴起之后，西方美学才又进入了新的繁荣时期。

因此，如果仅就历史渊源而论，那么，无论在古代的中国还是在古代的西方，美学思想的确是十分丰富的。我国先秦诸子和古希腊学者关于美的问题的论述，尽管都有不少精辟的见解，但这些思想毕竟还比较零碎，没有独立构成一门完整的学科。在以后很长的历史时期内，美学虽然在不断发展着，却仍然未能从根本上摆脱这种状态。一直到了18世纪，由于当时哲学和自然科学的推动，美学发展才进入了新的阶段。1750年，德国哲学家鲍姆加登的美学专著《Aesthetik》第一卷的出版，在美学发展史上具有划时代的意义。鲍姆加登认为，人的心理活动包括知、情、意三方面，应该相应地有三门学科来加以研究。研究“知”的学科是逻辑学，研究“意”的学科是伦理学，研究“情”的学科则是“Aesthetik”——即感性学或美学。从此，“美学”这一名称才逐渐获得学术界的公认，美学也就成了一门有别于哲学、逻辑学、伦理学、艺术理论等的独立的学科。以后，经过康德、黑格尔、车尔尼雪夫斯基等人的努力，美学研究又逐步走向深入，使这门学科获得了更为严密的理论形态。如果从形成独立的学科算起，美学的历史不过两百多年，因此，它又是一门非常年轻的学科。

马克思主义的创立，揭示了人类历史发展的规律，为人们提供了新的世界观和方法论，这就使包括美学在内的一切社会科学研究出现了革命性的变化。马克思主义的许多基本原理，诸如关于存在与意识辩证关系的学说，关于社会实践的观点，关于生产力与生产关系、经济基础与上层建筑相互关系的论断，关于物质生活与精神生活相互关系的理论，等等，对于科学地进行美学研究都有着重要的指导意义。此外，马克思主义经典作家还非常关心美学理论的建设。马克思曾经打算写一部美学专著，并答应为《新亚美利加百科全书》撰写“美学”这一条目，后来虽由于种种原因未能全面实现这些计划，但他与恩格斯一起，创立马克思主义的过程中，也论及了许多重要的美学问题。《1844年经济学哲学手稿》中，马克思提出了“自然的人化”“人的本质力量对象化”“劳动创造了美”“人也按照美的规律来创造”等重要命题。又如《政治经济学批判》的《序言》和《导言》、《德意志意识形态》以及有关文艺问题的不少书信等,对美、美感、美的规律等美学的基本理论问题,作了极为精辟的论述,为新美学的崛起奠定了坚实的理论基础。继马克思、恩格斯之后,列宁、毛泽东和拉法格、梅林、普列汉诺夫、高尔基、鲁迅等无产阶级革命导师和理论家、文学家,为新美学的建设和发展都作出了重要的贡献。所以,尽管同其他学科相比,美学还显得相当年轻,许多问题的阐述还很不成熟,但是可以相信,有了马克思主义的指导,有了前人研究的丰硕成果,再加上广大群众丰富的审美经验和日益发展的创造美的实践经验,科学的美学理论也必将逐步发展、逐步完善。

二、美学研究的对象和范围

我们说美学是一门年轻的学科,其重要表现之一就是它的研究对象至今尚无定说。

在古代,当美学还从属于其他学科的时候,其对象当然难以界定。即使到近代,美学虽已成了一门独立的学科,但人们对其研究对象的认识仍然是众说纷纭。不少美学家认为美学就是艺术哲学,它的研究对象就是艺术。黑格尔就公开声称,只有艺术才是真正的美,因此,“我们的这门科学的正当名称却是‘艺术哲学’,或则更确切一点‘美的艺术的哲学’。有人认为美学除了研究艺术中的美与丑外,还要研究生活中的美与丑,并以后者为主要对象,所以美学就是关于美的科学。1858 年出版的《新亚美利加百科全书》美学这一条目就认为:“美学是研究自然和艺术中的美的科学。”至于更多的美学家,尽管对美学研究对象没有发表过明确的意见,但从他们的美学著作中,我们仍然可以发现,他们有的只承认艺术中的美,有的则着眼于生活中的美,有的则表现为某些犹豫和矛盾。像车尔尼雪夫斯基这样伟大的美学家,他在广泛地研究了实际生活中的美学问题后,提出了“美是生活”的著名论断,可是当涉及到美学对象时,他说:“美学到底是什么呢,可不就是一般艺术、特别是诗的原则的体系吗?”总之,从历史上看,一些外国美学家关于美学研究对象的看法,是很不统一的。

在我国学术界中,关于美学研究对象问题,看法也同样很不一致。有的同志认为,“美学就是艺术观,是关于艺术的一般理论……美学的基本问题就是艺术与现实的关系问题,它的目的就是解决艺术与现实这一特殊矛盾”。因此,美学的基本内容应当是“艺术的起源、本质,艺术创作的一般规律,艺术在阶级社会中的发展规律,艺术与社会主义、共产主义,艺术的社会作用,艺术批评,艺术欣赏,艺术教育,艺术的范畴,艺术的种类、形式、风格等等”。有的同志则主张美学的研究范围应当是很广阔的,它“既要研究自然界与艺术中一切客观现实事物本身——即美的存在诸规律,又要研究作为那种美的存在反映于人脑中的一切审美意识——即美感经验和美的观念的形式及发展诸规律”。并且,他们还认为,现实生活中的美应该是美学研究的中心,因为现实美是艺术美的来源,弄清了现实生活中的美与丑,就能为艺术美的研究打下基础。

除了上述各持一端的见解外，还有人认为，美学是研究美、美感和艺术的一般规律的学科。它尽管既要研究艺术中的美，也要研究生活中的美，但却必须“以艺术为中心”“以艺术为重点”。他们认为美学体系应分为美论、美感论和艺术论三大部分。

20 世纪 70 年代以来，苏联美学界越来越多的人注意到美学就是艺术哲学的观点的狭隘性，主张面向人类生产活动和社会活动的一切领域中的审美现象。许多美学著作都涉及到技术美学、劳动美学、生活美学、体育运动美学、行为和社会关系美学的各种问题，其中有一派美学家提出的“美学——审美活动的理论”的主张，颇为人们所注意。他们认为：

人的(个人的和集体的)一切活动，除了它的直接的实用目的和功利目的之外，还具有全人类的成分(虽然是少量的)，它表现在对于整个人类的意义上。具有全人类意义的因素能赋予人的活动以审美情调，甚至还有审美内容。从这个意义上说，人的一切活动在一定程度上都可以作为审美活动来考察。

可以说，审美活动就是人所进行的具有全人类意义的一切活动。审美活动的普遍形式就是按照美的规律进行创造，因为掌握世界的任何一种形式的活动也都是按照美的规律进行的。

上述几种观点，虽然都有一定的道理，但是也都有一定的偏颇。以“审美活动”说而言，这一说法固然是一个外延容量很大的概念，但是，审美活动作为一种感性实践活动形式，实质上是由人对现实的审美关系决定的。也就是说，审美活动不同于一般的认识活动、改造活动、交往活动的特殊性，正是由于人与现实之间构成的审美关系所决定的。本书认为，要明确美学的性质和对象，首先应当弄清楚美学研究所面对的人与客观世界的特殊的关系。客观世界是无比丰富复杂的，它不仅存在着各种各样的事物和现象，而且每种事物和现象也具有许多不同的属性。同样，作为主体的人的需要也是多种多样的。由于客观世界的复杂性和人的主观需要的多样性，就构成了人与周围世界之间种种关系，如实用关系、政治关系、伦理关系、审美关系等等。为了更好地把握这些关系，满足人类日益增长的各种需要，分门别类的学科也就应运而生了。任何学科都是人们为着自己的需要而创建的，都无例外地直接或间接地标志着人与客观世界的某种特定的关系。随着社会历史的发展，人的需要越来越多样，科学研究的分工越来越细致，理论的探讨也越来越深入。美学就是人与现实的某种特定关系的产物。以我们身上的衣服为例，人们制作衣服，其基本目的就是为了满足实用上的需要，因为它可以保暖、遮羞，还可以作为区别各种职业的标志。这就是衣服的使用价值。如果衣服做成以后，进入商品流通的范围，成了商品，它就具得一定的交换价值，这样，它就成了经济学所要研究的对象；同时，衣服的质料和式样，总会具有一定的时代特点、民族特点，反映着一定历史条件下的生产水平、文化状况和社会风貌，因而它又可以成为历史学、社会学、民俗学等学科的研究对象。此外，制作精良的衣服，必然显示了衣服的原材料生产者和衣服制作者高超的技巧和水平，使人意识到自己的智慧和创造才能，感到它很美，从而获得精神方面的愉悦和满足，这样，衣服与人之间，除了前面的关系外，又形成了一种审美的关系。美学，就是研究人与现实之间审美关系的一门学科，它是在人类历史的发展中，随着社会生产的发展、随着其他科学研究的不断深入，而逐步丰富和发展起来的。

美学既然要研究人与现实的审美关系，它的研究范围自然首先要包括构成这一关系的客体（美）和主体（美感）这两大方面。同时，人类的实践活动，绝不仅仅局限于认识世界，更重要的还在于改造世界，以适应人类发展的需要。人类的审美活动当然也不能例外。因此，美学研究的范围，势必还应包括美的创造的问题。这样，围绕着审美关系这一轴心而出现的美、美感、美的创造三大方面，便构成了美学研究的三大领域。

就客体方面而言，美学要揭示美与丑的区别，研究美的本质与特性、美的内容与形式、美的形态、美的范畴等。就主体方面说，美学要研究美感的本质、美感产生和发展的一般规律、美感的心理要素、审美标准等基本问题。美的创造，是美学研究中的一个极为重要的领域。在美的创造问题上，各美学派别之间的分歧是十分明显的。有的学派认为，美的创造就是人的审美感受的外射，也即“审美移情”；有的学派认为，美的创造就是艺术创造。其实，美的创造既不是人的主观感受的外射，也不能局限于艺术的领域，它的天地是十分广阔的，它不仅包括艺术美的创造，而且还包括现实美的创造。例如环境的美化、劳动产品的美化、社会生活的美化、人的美化（美育）等等。对于这些，美学都应认真地加以研究。

综上所述，我们可以说，美学就是研究美以及人对美的感受和创造的一般规律的学科。

三、美学的学科性质

1. 美学是一门人文学科

美学从属于人文学科。人文学科的研究对象是人的生活世界。这个“生活世界”是一个具体的、历史的现实世界，而不是死寂的世界。因此，人文学科的对象是人的意义世界和价值世界。

美学从属于人文学科，从大的学科范围来说，它的研究对象是人的生活世界，是人的意义世界和价值世界。从这里引出美学的两大特点：第一，美学与人生有着十分紧密的联系。美学各个部分的研究，都不能离开人生，不能离开人生的意义和价值。美学研究的全部内容，最后归结起来，就是引导人们去追求一种更有意义、更有价值和更有情趣的人生，也就是引导人们去努力提升自己的人生境界。第二，美学和每个民族的文化传统有着紧密的联系，所以，研究美学要注意各个民族的文化传统的差异。中国学者研究美学，一方面要注意中国文化、东方文化与西方文化的共同性，另一方面也要注意中国文化、东方文化与西方文化的差异性。我们要吸取西方文化中一切好的东西，但我们立足的应该是中国文化。

20 世纪的西方,由于分析哲学的影响,在相当一部分哲学家和美学家中出现了一种忽视和离开人生的倾向。他们把全部哲学和美学问题都归结为语义分析。这是一种片面的倾向。美学问题归根到底是人的意义世界和价值世界的问题,是人的存在的问题。人的语言世界是与生活世界密切相关的。离开人的生活世界而专注于语义分析,会从根本上取消美学。

2. 美学是一门理论学科

从历史上看,美学理论是哲学的一个分支。各个时代的大哲学家,他们所建立的哲学体系,都有一部分是美学。美与真、善是属于哲学的永恒课题。康德有《纯粹理性批判》《实践理性批判》和《判断力批判》三大批判,其中《判断力批判》的一部分就是研究美学问题的。黑格尔有《逻辑学》,也有《美学》。所以美学属于哲学学科、理论学科。这点往往容易被许多人所误解。美学当然与艺术有着密切的关系,但美学不是艺术,美学也不是美术。美学是哲学。美学不属于形象思维,美学属于理论思维、哲学思维。

还有一种误解是把审美意识与美学混为一谈。他们认为,每个人都有自己的审美观,都有自己的审美理想、审美趣味,因而每个人都是美学家,至少每个艺术家都是美学家。这是一种误解。美学不是一般的审美意识,而是表现为理论形态的审美意识。尽管每个人都有审美意识,但不一定表现为理论形态,所以不能说每个人都是美学家,也不能说每个艺术家都是哲学家,也不能说每个艺术家都是美学家。这就正如哲学是世界观,每个人都有自己的世界观,但不等于每个人都是哲学家。因为哲学不是一般的世界观,而是表现为理论形态的世界观。

美学是一门哲学学科的传统理论,自 19 世纪以来受到了一些学者的挑战,这种挑战主要来自于心理学。19 世纪中叶以来,德国美学家费希纳提出了“自下而上”的美学。由此,引发了一股把美学看作一门心理科学的思潮,这种思潮一直延续到 20 世纪,也影响到中国。中国也有学者认为审美哲学让位于审美经验的心理学是一种必然趋势。这种用心理学美学来取代哲学美学的思潮对美学学科的发展是不利的。审美心理学研究成果对美学基本理论的推进是有益的,但对这种作用是不能夸大的。因为对审美经验的心理学描述无论怎样细微,也不可能揭示审美活动作为人生体验的本性。心理学的描述或心理实验不能回答人生体验的本性问题,不能回答人的意义世界和价值世界的问题。回答人生体验的本性问题,回答人的意义世界和价值世界的问题,只有靠哲学。如冯友兰所说:哲学所讲者,是对于宇宙人生的了解。用心理学美学取代哲学美学,就是从根本上取消美学。

3. 美学是一门交叉学科

美学是一门社会科学,它和许多学科都有密切的关系,它同哲学、伦理学、心理学、艺术理论以及自然科学等都有交叉关系。研究这种关系,明确它们之间的联系与区别,有助于我们进一步准确地把握美学的特殊性质。

美学曾经长期隶属于哲学，随着社会的发展、科学的进步，才逐步分立为独立的学科。因此，它与哲学的关系极为密切。哲学是研究自然界、人类社会和思维发展最一般规律的学科，它为美学研究提供了世界观和方法论的基础，对美学研究起着指导的作用。美学研究人与现实的审美关系，是关于审美观的学科。美学中的许多基本问题，往往会直接涉及到哲学中的许多基本原理，有的就是哲学问题在审美领域中的具体表现。正因为如此，人们又认为美学是研究人与现实审美关系的一门哲学性学科。但是，美学却不是哲学的附庸，它有自己的研究对象，是一门独立的学科。

美学与伦理学的关系也十分密切。伦理学研究人的社会行为的准则，研究人与人之间的义务、个人对国家和社会的义务等。简言之，伦理学研究人们之间的道德关系，它的基本范畴是善及其对立面恶。美与善的关系非常密切。一般说来，美的对象应当是善的，恶的事物不可能美（恶可以采取美的形式，那是另一个问题）。所以，不能把美学与伦理学截然分开。但是，美、善分属不同范畴，相互不能混淆，善只是美的基础，并不是说任何善的事物都是美的。因此，伦理学与美学是有严格区别的。伦理学着重于人的内在本质、人与人之间的合理关系的研究，帮助人们明辨善恶，形成正确的道德观念；美学则研究人的本质力量的感性显现，启迪人们树立崇高的审美理想。因此，本书既不赞成割断美学与伦理学的联系，也不赞成把美学与伦理学机械地等同起来。

美学与心理学也有着相当密切的关系。心理学是探讨人类心理活动一般规律的学科，而人类的审美活动从认识上说乃是一种特殊的心理活动，因此，美学的发展就离不开心理学的发展。在我国古代美学和文艺理论中，对于审美心理不仅有十分细致的分析，而且还提出了许多独到的见解。近代西方不少美学家也十分重视从心理学角度来研究美学问题，并把这种研究称作自下而上的研究，以区别于从哲学角度进行自上而下的研究。当然，在考察美学与心理学的关系时，我们应该注意到，审美心理活动不同于一般的心理活动，而美学研究范围又不仅仅限于审美心理。因此，绝不能简单地把美学等同于心理学。

美学与艺术理论的关系尤为密切。我们知道，一切真正有价值的艺术作品应该是美的，而对于艺术美的欣赏和创造，又是人类审美活动的一个重要方面，这样美学和艺术理论势必都会研究艺术美的本质和特征、艺术美与现实美的关系、艺术美的欣赏和创造的一般规律等问题。然而，美学的研究范围又远远不止艺术美，现实生活中的美以及人对美的欣赏和创造等问题，在美学研究中都占有重要的地位，这是其一。其二，美学对艺术的研究，是围绕着人与现实的审美关系这个中心的，因而一般艺术理论中有关方针政策、技术训练等方面的问题，并不属于美学的范围。基于这两方面的原因，本书也不赞成把美学和艺术理论简单地混而为一。至于分门别类的艺术理论，有时也被称之为音乐美学、绘画美学、戏剧美学、电影美学等等，这是因为它们研究的内容确实很多也是某一艺术领域中的美学问题，鉴于这个原因,它们也可以在美学的殿堂里占有自己的地位。但是,由于其研究的范围毕竟只局限于某一艺术部门,因此,它们的内容也只是通常所说的美学在特定艺术部门的具体化。这正如在经济学领域中,除了政治经济学以外,还可以有部门经济学——农业经济学、工业经济学、财政学、商业学等一样。所以,这个意义上讲,美学与各门艺术理论的关系,是总论与分论的关系。前者是总体美学,后者是部门美学。

美学作为社会科学的一个分支,同现代自然科学的发展之间的关系也是不容忽视的。自然科学虽然是面对自然界的,但它一方面要受哲学世界观和方法论的统摄,另一方面它的发展又不断地反过来推动哲学及思维方法的发展。20 世纪以来,以爱因斯坦的相对论为起点,现代物理学、数学、生物学、思维等都获得了长足的飞跃的发展。系统论、信息论、控制论的提出,统计数学、模糊数学、质变理论、协同论、耗散结构论、量子力学、分子生物学、遗传工程学、脑科学、人工智能的兴起,更加深化了人们对客观世界不断运动、互相联系、互相转化的理解,有力地推动着人们打破固有的思维模式。从目前现代自然科学发展状况可以看出,现代自然科学能够启发人们在人与现实世界的大系统中来把握审美现象。在美学研究的某些环节上可以吸收运用信息传输理论和数学方法,从而促使美学研究的数量化、精确化,还可以启发人们突破线性思维模式的局限,引导人们认识审美判断的多向发展的各种可能性,认识审美现象的随机性,如此等等。当然,我们应该看到,现代自然科学的方法是适用于讲究自然现象的方法,虽然自然现象同社会现象、思维活动之间具有某种共同性,但彼此之间从内容到形式毕竟各有不同的特点,因而不能简单地把自然科学的方法硬搬到美学研究中来。

通过对以上相关学科的比较分析,我们应当明确,尽管美学的研究对象同哲学、伦理学、心理学、艺术理论、自然科学等互有沟通,但仍有自己特定的范围,是其他任何学科所不能代替的。在学习美学的过程中,需要而且应该注重哲学、伦理学、心理学、艺术理论、自然科学等的学习,然而却不能以这些学科的学习来取代对于美学的研究与探讨。历史上曾有不少学者,从哲学、伦理学、心理学、艺术理论等的角度出发来阐释美学中的有关问题,并取得了相当丰硕的成果,然而这也容易产生一定的局限。只有既有哲学、伦理学、心理学、艺术理论等社会科学以及自然科学的修养,又确切地把握住美学研究的独特领域和范围,并为之进行不懈的努力,才能开拓美学学科的新天地。

四、为什么要学习美学

说明了美学的研究对象和学科性质,也就可以说明美学对于当代青年的价值和意义。具体地说,为什么要学习美学?简而言之,为了生活得更美好、更幸福。当代人在呼唤着美学,在发展着美学,在把美学变成一门与人类幸福有着密切关系的学科。为什么这么说呢?

(1)学习美学能够使我们从本质上认识人类产生美感的根源,从而使学习者能够更自觉地按照美感产生的规律追求美、创造美。每天都在说话的我们，并不会意识到我们在说着散文；每天都在追求美和创造美的我们，也往往意识不到我们与美学的密切关系。学习美学之后，能够增强追求美、创造美的自觉性。

（2）学习美学能够使我们树立正确的审美观。审美观与伦理观、真理观一起构成人们对世界、对人生的总的看法，审美观是人们从审美的角度对客观事物的一种判断和评价。审美观直接指导着人们欣赏美和创造美的活动。只有树立正确的审美观，才能确立正确的审美标准，养成健康的审美情趣，胸怀崇高的审美理想，明辨美、丑、善、恶的界限，实现崇高的人生理想和人生价值。

（3）学习美学，掌握审美活动规律，能够提高审美欣赏和审美创造的能力。审美能力是指人在审美活动中发现、感受、判断、评价和欣赏美的能力，主要包括审美感受能力、审美想象能力、审美理解能力、审美鉴别能力、审美欣赏能力和审美创造能力等。

（4）有利于各科学生的专业学习和专业工作。法国著名作家福楼拜说：越往前进，艺术越要科学化，同时科学也要艺术化，二者从基底分手，回头又在塔尖相结合。2001 年清华大学 90 周年校庆时，组织了名为“艺术与科学”的展览，邀请著名物理学家、诺贝尔物理奖获得者杨振宁发表了一次露天演讲，题目叫作《物理与美学》。千余名清华学子参观了展览，聆听了演讲。杨振宁博士结合自身研究经历，侃侃而谈物理研究中的美学发现和审美乐趣，以及自幼受到的中国美学思想熏陶对其物理研究及一生的影响。听者为之倾倒，为之动容。有学子慨叹：从来没有想过，美学离我们这么近！实践证明，掌握美学理论知识和提高审美能力，不仅有助于文科学生的专业学习和工作，而且有助于理工农医类学生的学习和工作。因为自然科学中也蕴涵着极为丰富的美学内容，而且对美的追求往往是触发和推动科技人员进行创造性研究的重要因素。在美学史上，有一个有趣的也是值得人们深思的现象就是：第一批提出“什么是美”的问题的人很多既是哲学家又是自然科学家。古希腊美学思想的萌芽，可以追溯到公元前 6 世纪，这是荷马史诗定本的时代，也是毕达哥拉斯学派盛行的时代。毕达哥拉斯和他的学生多数是数学家，部分是物理学家和天文学家。他们用自然科学的观点来考察美学问题，认为美就是和谐，这种和谐是由一定数量关系构成的。他们把数看做世界万物的本原，并把数与和谐的原则用于艺术，认为艺术也必须借助于数的关系。一件艺术品是美的，必然要体现一定数量的比例关系。之后，“美是数的和谐”的观点得到了延续，成为形式美的主要法则，而且成为人们进行科学发现的法则。许多科学发现都是首先由科学家根据和谐对称等原则提出大胆推断，之后才反复求证得到的。德国天文学家开普勒还曾描述天体运行规律中的数的和谐，并将其谱成了一首乐曲。著名宇航家 T · C · 季托夫认为，不懂艺术的工程师是蹩脚的工程师；一个缺乏音乐感和不懂诗意的学者，不过是欺世盗名之徒。虽然这种说法过于极端，但也表达了一位科学家对于文学艺术的重视。由此可见，学习美学，认识美学规律，对任何人的学习和工作都是有益的。

以上四方面,就是美学对于当代青年的价值和意义,也是当代青年学习美学所应该追求的目的。当代青年学习美学,主要有两个目的:一个目的就是完善自身的人格修养,提升自己的人生境界。具体来说,就是通过学习美学增强审美的自觉性,更自觉地通过审美活动去追求一种更有意义、更有价值和更有情趣的人生。再一个目的就是完善自身的理论修养,完善自身的思维方式和知识结构。具体来说,就是通过学习美学培养作理论思考的兴趣和能力,也就是对于人生,对于生命,对于存在,对于真、善、美,对于这样一些根本问题进行理论思考的兴趣和能力,从而使自己在获得各种具体学科的知识之外,更能获得一种人生的智慧。

当然,除了上述两个主要目的,大学生学习美学也还可以有其他一些目的,如提高自己的艺术创造和艺术欣赏的能力,提高自己的审美设计能力,扩大知识面,等等。但这些并不是学习美学的主要目的。

以上都是针对当代青年来说的。其实,不仅仅是当代青年,所有的当代人,如果条件允许,都应该学一点美学。这种必要性,一方面是由美学的学科性质决定的,另一方面则是由人的本性决定的。因为从根本上说,人不仅是社会的、政治的和会制造工具的动物,而且还是有灵魂的动物,是有精神生活和精神需求的动物,是一种追求心灵自由即追求超越个体生命有限存在和有限意义的动物;同时,用伽达默尔的话来说,人还是一种理论的动物。

五、怎样学习美学

美在现实中与每个人都有着不可分割的联系,所以说美学是一门有广泛群众基础的学科。无论是在日常工作还是生活里,人们无时无刻都在接触着美与丑的事物,思考着美与丑的问题,尽管这种思考还缺乏理论的深度。为了更好的学习和掌握美学基本理论,我们应该以辩证唯物主义和历史唯物主义为指导,运用科学的方法学习美学这门课程。

我们在前面阐述了美学的学科性质,这就引出了美学学科特殊的学习方法。也就是说,明白了美学学科性质,就可以明白学习美学的方法。

(1)要注重美学与人生的联系。

前面说,美学属于人文学科。这就引出了美学的一个重要特点:美学与人生有着十分紧密的联系。美学的各个部分的研究,不能离开人生的意义和价值。美学研究的全部内容,最后归结起来,就是要引导人们去努力提升自己的人生境界,使自己具有一种胸襟和气象,去追求一种更有意义、更有价值和更有情趣的人生。

(2)要立足于中国文化。

美学属于人文学科,这还引出美学又一个重要的特点:美学和一个民族的社会、心理、文化、传统有着十分紧密的联系。中国学者要有自己的立足点,这个立足点就是我们自己民族的文化和精神。立足于中国文化,但不意味着排斥外来文化。中华文明从来就具有开放性和伟大的包容性。唐代就是突出的例子。唐代是一个艺术百花齐放的时代。唐代的十部乐,不仅包含汉族乐舞和新疆地区少数民族乐舞,而且包含印度、缅甸、柬埔寨等许多外国的乐舞。中华文明的这种开放性和包容性,就是主动吸收、融合异质的文化,充实、丰富和发展我们自己民族的文化。反过来,以最大的热情吸收国外一切好的东西,也不意味着可以抛弃自己的立足点。以美学学科来说,要致力于东西方美学的融合,把美学建设成为一门体现21世纪时代精神的真正国际性的学科,立足点仍然是中国的文化和中国的美学。下大力气系统地研究、总结和发展中国传统美学,并且努力把它推向世界,使它和西方美学的优秀成果融合起来,实现新的理论创造,这是中国学者对于人类文化进步一个应有的贡献。

在这个问题上,宗白华有一段话对我们有启发。他在1921年从德国给国内的朋友写了一封信。信中说,他到了西方,在西方文化的照射下,更加认识到中国文化的独特的价值和光彩,更加认识到中国文化中实在有伟大优美的,万不可消灭。他说,他"极尊崇西洋的学术文化",但是,他特别强调,不能用模仿代替自己的创造。他说:"我以为中国将来的文化绝不能把欧美文化搬了来就成功。"又说:"中国以后的文化发展,还是极力发挥中国民族文化的'个性',不专门模仿,模仿的东西是没有创造的结果的。"

宗白华90多年前这些充满智慧的话启示我们,在学术文化领域,要注意吸收异质的文化,吸收西方文化中好的东西,那是为了充实自己,更新自己,发展自己,是为了创造中西文化融合的世界新文化。不能抛弃自己的文化,不能藐视自己、脱离自己,不能把照搬照抄西方文化作为中国文化建设的目标。在学术、文化领域,特别在人文学科领域,中国学者必须有自己的立足点,这个立足点就是自己民族的文化。

(3)要注重锻炼,提高自己的理论思维的能力。

由上述,美学是一门理论学科、哲学学科。所以对研究美学的人来说,最重要的是要具有较高的理论思维的能力。

这种理论思维能力,表现为一种"理论感"。这种"理论感"也就是爱因斯坦所说的"方向感",即"向着某种具体的东西一直向前的感觉"。当你读别人著作的时候,这种理论感会使人们抓住其中最有意思的东西。当人们在研究、写作的时候,这种理论感会帮助人们把握思想中出现的最有价值的东西,它会指引人们朝着某个方向深入,做出新的理论发现和理论概括。一个从事像美学这样的理论学科研究的人,如果缺乏这种理论感,就很难有太大的成就。

经常看到,有的人读了许许多多的书,但是他从这些书中抓住的都是一些最一般的东西,别人思想中真正新鲜的、深刻的东西,那些大师的著作中的活的灵魂,他却把握不住。这就是缺乏理论感。我们还经常看到,有的人搞了一辈子学问,写了许许多多文章,但是写出的东西总是那么平平淡淡,总是不见精彩。这是什么缘故?当然可能有很多原因,但其中有一个重要的原因就是缺乏理论感。

个人如何锻炼和提高自己的理论思维能力？恩格斯说，锻炼自己的理论思维能力，至今只有一个办法，那就是学习过去的哲学。也就是说，要学习历史上那些哲学大师的经典著作。这些著作是各个时代人类最高智慧的结晶。学习这些著作，也就是努力吸收各个时代人类的最高智慧，从而在理论思维层面提高自己的智慧。

学习历史上哲学大师的这些经典著作，必须精读。精读，就是"熟读玩味"，也就是放慢速度，反复咀嚼，读懂读透。朱熹和学生在谈论读书的方法，常常使用"味""滋味""意味"这些词。他告诉学生，读书要"着意玩味""字字咀嚼教有味"。精读大师的经典著作，可以提升理论思维的能力，可以使你的精神境界得到升华。

(4)要有丰富的艺术欣赏的直接经验，同时要有系统的艺术史知识。

前面说过，美学与艺术、艺术史有密切的关系。艺术是人类审美活动的一个重要的领域。中外美学史上有许多重要的美学著作都是通过对艺术的研究而提出来的。所以，研究美学的人，要热爱艺术，要有丰富的艺术欣赏的直接经验。美学研究需要理论思维，但一个人的艺术欣赏的直接经验，即直接的审美体验，对他的理论思维可以有一种内在的引导、推动和校正作用。王夫之曾说，他"十六而学韵语，阅古今所做诗不下十万"。这种直接的审美经验为王夫之的美学理论提供了一种感性的基础。宗白华生前常常看美术展览和各种演出。他经常说，"学习美学首先得爱好美，要对艺术有广泛的兴趣，要有多方面的爱好。""美学研究不能脱离艺术，不能脱离艺术的创造和欣赏。"他喜欢中国的戏曲；他对书法很有兴趣，他经常和书法家与戏剧家在一起探讨书法艺术和戏剧艺术；他对出土文物也很注意，认为出土文物对研究美学很有启发。宗白华的观点和做法，使我们看到艺术欣赏对美学研究是何等重要。

当然，一个人的直接经验终究是有限的，所以研究美学的人还应该有比较丰富的艺术史(含文学史)的知识。艺术的门类很多，研究美学的人可以按照自己的兴趣，选择一两门艺术作为自己研究的重点，对这一两门艺术的历史进行比较系统的研究，如中国美术史，中国书法史，中国诗歌史，中国小说史，西方音乐史，西方电影史，西方戏剧史，等等。

一个人如果拥有一门或几门艺术史的系统的知识，那么他在研究美学的时候，特别在涉及艺术的时候，就不会落空。读黑格尔的《美学》，常常看到他对历史上一些艺术作品有十分深刻的分析，这一方面说明他有极高的理论思维的能力，另一方面也说明他有极丰富的艺术史的知识。对于研究美学的人来说，理论思维能力与丰富的艺术欣赏的直接经验以及丰富的艺术史的知识这几个方面都是不可缺少的。

(5)要扩大自己的知识面。前面说过，美学和许多学科都有密切的关系。在一定意义上，美学是一门交叉学科。因此，研究美学的人，需要有比较宽的知识面。除了哲学的修养、艺术欣赏的直接经验和艺术史的知识之外，还应该懂得一些心理学、语言学、人类学、神话学、社会学、民俗学、文化史、风俗史等方面的知识。要读一些这方面的书，特别是这些学科中的经典著作，最好能读一读。当然不能要求每个研究美学的人都是大学问家，但是从历史上看，真正在美学领域做出重大原创性成果的人确实都是大学问家。所以学美学的人知识面宽一点是有好处的。

(6)要有开放的心态，要注意吸收国内外学术界的新的研究成果。

前面说过，美学是一门正在发展中的学科，从世界范围来说，还找不到一个成熟的，体现21世纪时代精神的，真正称得上现代形态的美学体系。因此，在研究美学的时候，不要使自己的思想被某一个学派或某一位美学家的观点框住，不要使自己的思想僵化。应该保持一种开放的心态，打开自己的眼界，随时注意国内外学术界（美学学科以及相邻学科）的新进展，并及时吸收国内外学术界的新研究成果。对于自己的学术观点，也不要凝固不变，而应该有一种与时俱进的精神，敢于突破自己，努力使自己在理论上提升到一个新的境界。

思考题

1. 美学研究的对象包括哪些？
2. 美学的性质如何？美学与其他学科的关系怎样？
3. 研究美学应采取什么样的方法？

第一章　美的本质和美的特征

第一节　美的本质

人类的生活不能缺少美,人类的生活过程就是一个发现美、追求美、创造美的过程。但是什么是美?美的本质是什么?这一直是古今中外的哲学家、艺术家、美学家探讨的一个理论难题。

一、美学史上对美的本质探索的基本途径

在美学史上对美的本质问题的探索,概括起来有下述3种途径。

(1)从精神上探索美的根源。

这一派美学家可分为两大类。一类从客观精神(理念、绝对观念)中去找美的本质,如柏拉图和黑格尔。柏拉图的美学思想贯穿在他的理念论哲学思想之中,成为其中不可分割的组成部分。他认为,个别事物的美是相对的、变幻无常的,只有美的理念或"美本身"才是绝对的、永恒不变的。"美本身(美的理念)"可以独立存在,而美的事物却不能离开"美本身(美的理念)"而存在。一个事物之所以是美的,乃是因为"美本身(美的理念)"出现于它之中或者为它所"分有"。因此,"美本身(美的理念)"先于美的事物,是个别事物的美的创造者。只有哲学家才能喜爱和认识美的理念本身,并具有真正的美的知识。对美的理念的认识只能凭借思想,而不能凭借感觉,这是一个循序渐进的"回忆"过程。黑格尔的美学思想主要反映在他的《美学讲演录》中,这是他整个哲学体系的一个组成部分,也是他的哲学体系在美学和艺术领域中的具体表现。黑格尔认为艺术的根本特点,是理念通过感性的形象来显现自己,认识自己,"美是理念的感性显现"成为黑格尔美学思想的核心。他认为一般的理念是抽象的、概念性的,美的理念却必须具有确定的形式,与现实的具体特征结合在一起,只有具体的理念,才能显现为感性的形象。而他所认为的感性形象,是理念自身显现出来的,并不具有自然的物质存在,而是心灵化的东西经过感性形式来表现的。在黑格尔看来,自然显现理念不充分,不完善,不是真正的美。只有艺术美,才是心灵的产物,因此,只有艺术美才

是真正的美。二人相同之处都把客观精神看成是美的根源,不同之处在于,柏拉图把他的“理念”看作是永恒不变的,黑格尔却把他的“理念”看作是发展变化的。

另一类从主观精神中去寻找美的本质,如休谟、康德和克罗齐。休谟是英国近代唯心主义经验论美学家,在美的本质问题上,认为“美在心中”。他明确否定美是客观事物属性的特点,他认为美不是对象的属性,美是事物形状在人心上所产生的效果,效果的产生在于“人心的特殊构造”。在说明心理构造和美感来源时,他有两种看法。一是效用说。认为美是相对的,随人的利益不同而不同。他把美分为来自感觉的和来自想象的两种。前者直接诉诸感官,只涉及对象的形式;后者却能引起便利和效用之类的观念联想,涉及到内容意义。二是同情说。认为由于“人性的本来的构造”,人们可以设身处地地分享旁人的情感乃至分享被人假想为有情感活动的旁物的“情感”。旁人的利益可因同情而被视为自己的利益,旁人觉得美的,自己也觉得美。对艺术作品的批评,他提出两条原则:一是把作品放到它自己的历史背景中去考察;二是了解作品的目的,看它多大程度上适合于达到这个目的。他认为审美趣味带有极大的个人主观性,所以有极大的相对性。他鼓励人们“应该默认自己的感觉,也应该不要求支配旁人的感觉”,如鱼饮水,冷暖自知,跟着感觉走。他完全以主观感觉的好恶来解释美,纯粹从主观方面来探求美的本质。

康德是德国古典哲学与古典美学的奠基人,他从质、量 、关系和方式四个方面阐明美的本质。从审美判断的质方面看,他认为:“审美趣味是一种不凭任何利害计较而单凭快感或不快来对一个对象或一种形象显现方式进行判断的能力。这样一种快感的对象就是美的。”从审美判断的量方面看,“美是不涉及概念而普遍使人愉快的”。从审美对象与其“目的”之间的关系来看,“美是一个对象符合目的性的形式,但感觉到这形式美时并不凭对于某一目的的表现”。即认为美的事物符合目的,但主体意识不到审美判断具有明确的目的性。从审美的判断方式来看,他认为“凡是不凭概念而被认为必然产生快感的对象就是美的”。总括康德从审美判断的四个方面对美所作的限定可见,他那里的美具有如下特性:美仅在形式,美以其形式引起美感;美的形式无目的却又合目的;美无关功利、无关概念;美对人具有普遍性。他试图解决美的本质问题上的一系列矛盾,他对美做的这些规定在深刻程度上远远超过前面的美学家,但他的美论是建立在主观唯心主义基础上的,最终并没有真正科学解决美的本质问题。

此外,意大利美学家克罗齐提出了“美即直觉即表现”的理论。克罗齐将美的本质说成是心灵的表象。他认为:“美不是物理的事实,它不属于事物,而属于人的活动,属于心灵的力量。”亦即美是心灵能动地作用于事物而获得直觉。这种直觉是先于理性、先于概念而产生的,是与理性和概念无关的、孤立绝缘的现象。同时他认为,自然无谓美,自然的美是直觉创造出来的,同样自然本身也是直觉创造出来。克罗齐这种将美的本质归结为非理性的直觉创造的观点,带有强烈的主观唯心主义色彩。

(2)从物质世界和社会生活中探索美的根源。

这一派美学家也分两类。一类认为美存在于物的属性之中,如亚里士多德、毕达哥拉斯、柏克。亚里士多德否定了柏拉图从"美的理念"来寻求美的根源的唯心主义路线,而认为美的本质就在感性事物本身。他认为"美的主要形式是'秩序、匀称与明确'",认为"一个美的事物……不但它的各部分应有一定的安排,而且它的体积也应有一定的大小,因为美要依靠体积与安排"。毕达哥拉斯认为"美是数的和谐",并举出圆形、球形、合于"黄金分割"的长方形,由于它们合乎理想的数量关系,所以,都是美的。英国经验唯物者柏克,从对人们的审美感受的生理学的解释出发,认为"美大半是借助于感官的干预而机械地对人的心灵发生作用的物体的某种品质"。这种品质作用于人们的感官,引起神经、筋肉的松弛舒畅,从而获得愉快感受。同时,柏克又着重提出:美的对象给人的愉快,与欲望对象给人的愉快有本质的不同。柏克肯定了美是事物本身的客观性质,但这性质并不是如传统所认为的比例,比例"是理智的产物,而不是作用于感觉和想象力的最根本原因。我们发现一个物体美,并不是靠长时间的注意和探究,美不需要借助于我们的推理"。柏克着重从客观物质的直接诉诸感官的各种因素——小的体积、光滑的表面、逐渐的变化、娇柔的外貌、洁净明快的色彩来规定美的本质。这在揭示美的丰富多样的感性特征方面,特别是将这些特征与人们的情感和感受联系起来,注意主体方面的特点,有合理的地方。但是,柏克仅从主体的被动感受中探求和规定美的本质,因而他的论证具有很大的感觉主义的片面性和形而上学的缺点。

另一类是车尔尼雪夫斯基的"美是生活"说。车尔尼雪夫斯基认为美是能唤起爱的情感和愉悦感的事物,而"世界上最可爱的就是生活"。他说:"任何事物,我们在那里面看得见依照我们的理解应当如此的生活,那就是美的;任何东西,凡是显示出生活或使我们想起生活的,那就是美的。"可见,他这里所说的生活,首先是指人们愿意过和喜欢过的那种生活,其次是按理想应当如此的生活。"美是生活"说,把美建立在广阔的社会生活基础上,是一种现实主义的美学观。车尔尼雪夫斯基"美是生活"的观点,开始抓住了问题的关键,从客观的人类社会生活中来追究美的根源,但是,由于车尔尼雪夫斯基的哲学思想基本上仍是费尔巴哈的人本主义,不理解社会实践是人类生活的基本内容和实质,因此他还不可能从历史唯物主义出发来解释生活。

(3)从客观事物的关系中探索美的根源,即近代法国思想家狄德罗提出的"美在关系"说。

它主张美在事物内部或事物之间的关系中,事物的美决定于客观存在的各种关系,它不受人的主观意志决定,是"在我身外的美"。当关系作用于人的感官,便"唤醒"人对愉快关系的知觉,产生美感,离开了一定的客观现实关系,就无所谓美,且美的性质要随关系的改变而改变。他把美分为实在美与相对美。属于客观事物本身形式方面的秩序、对称、安排等关系,就是"实在美"。他举法国卢浮宫的门面为例:"不管我想到或一点也没有想到卢浮宫的门面,其一切组成部分照旧有这种或那种形式,其各部分间也照旧有这种或那种安排,不论有人无人，卢浮宫的门面并不减其美。”卢浮宫的这种现实美就是指事物本身形式安排关系的美。属于一事物与他事物相互联系时所产生的关系就是相对美。他举了文学中语言的例子，例如一句话，要看对什么人说的，在什么环境中说的，离开了这些社会关系，这句话就失去了意义。同样一句话在不同的关系中就有不同的意义，所以美是随着关系的变化而变化的。他曾用高乃依的悲剧《贺拉斯》中的一句话“让他死吧”来说明这个观点：如果不在一定的关系中来看这句话，是无所谓美丑的；但是，如果你知道了这是一个人对待奔赴沙场的亲人所抱的态度时，明确了某种关系后，你可能开始对这句话感兴趣了；如果你进一步了解了这是一场为祖国荣誉而进行的战斗，话中所指的“他”即参战者正是被询问的老人的儿子，并且是老人三个儿子中唯一的还未战死的儿子，老人说这句话，是要他的儿子去英勇战斗，其中充盈着无畏的勇气和无私的精神，这时关系明确了，“让他死吧”这句原本不美不丑的话，就逐渐显得美，终于显得崇高、伟大了。可见，美要靠对象和情境的关系，以关系为转移；不存在抽象的绝对的美，只有相对于一定关系的具体的美。狄德罗关于“美是关系”之“关系”，不仅是指自然形式的关系，也包括具有社会内容的种种关系，这就把从亚里士多德以来的关于美在自然形式关系中的观点，向前推进了一大步，表现出从社会生活的种种关系中来把握美的本质的进步趋向。肯定美的社会内容，强调艺术的社会效果，这是其合理之处。但是狄德罗的“美的关系”观点仍然带有机械的性质。

从以上的分析可以看出，对美的本质的探讨是与哲学的基本问题紧密相关的。美学史上关于美的本质的意见分歧，归根到底在于哲学观点上的分歧。一部分美学家从精神世界探讨美的本质，另一部分美学家从客观世界的自然特征出发探讨美的本质。但无论是主观论还是客观论，都把心与物截然分开，把世界割裂为主观和客观绝对对立的两个部分，这就必然使他们各自走入自己的误区而不能自拔。更重要的是他们一般都离开了人的社会性，不懂得社会生活在本质上是实践的，不能从主客体在实践中的辩证关系来探讨美的本质，从而带有明显的直观的缺陷。马克思主义的美的本质论，坚持实践与历史的统一的原则，坚持在人类历史发展的实践活动中去探讨美的本质，才对“美是什么”作出了科学解释。

二、美的根源在于社会实践

美的事物之所以能够引起人们的喜悦，其根源不在于感性形式的本身，而在于社会实践。马克思主义告诉我们，应当从社会实践出发去探求产生美的根源，揭示美的本质。社会实践就是人类改造世界的过程。它是人类有意识、有目的的生产活动，是主观见诸客观的实际行动，是改造世界的能动的斗争过程。美学研究则应遵循这一基本观点，从实践对客观世界的能动改造中来探究美的本质。人和动物之不同在于，动物只是消极地、被动地适应自然，人则能积极地、能动地改造自然，使之适应于人类生活的需要，并且在这同时创造着自己的生活，改造自身。人们看到了自己的理想向现实的转化，看到了自己的实践、生活在现实中获得了积极的肯定，从而产生无比的热爱、喜悦和快慰。生产活动也成为美的对象。劳动成果体现着人们的创造力量，新的社会生活作为社会革命实践能动创造的成果，也成为一个美的对象。美的多样性、丰富性的特点，根源于人的实践活动本身的多样性，根源于人所改造的感性具体的物质世界的存在形式的多样性。美是人们创造生活、改造世界的能动活动及其在现实中的实现或对象化。作为一个客观的对象，美是一个感性具体的存在，它一方面是一个合规律的存在，体现着自然和社会发展的规律；一方面又是人的能动创造的结果。所以美是包含或体现社会生活的本质、规律，能够引起人们特定情感反应的具体形象。由此可见，就其本质而言，美并不是事物的某种与人无关的自然属性，也不是意识、精神的虚幻投影，而是事物的一种客观的社会价值或社会属性，这也就是美的客观社会性。因为美的所谓客观性，正是指美是客观对象所具有的这种不依存于人们主观意识的社会属性，所以，美是客观的存在，是社会的存在，美的客观性与社会性是统一的。美的客观社会性，是建立在人与自然之间的物质变换这个感性现实的客观社会性的运动基础之上的，不通过人的感性物质的客观社会性的活动，美也就不可能产生。所以，美的客观社会性，实质上是来自社会实践本身的客观社会性 。

由此可知美的事物之所以能引起人们的喜悦，就是由于里面包含了人类的一种最珍贵的特性——实践中的自由创造。自由创造是生产实践中的劳动创造，“自由”不是“任意”，它是对必然性的认识与把握。自由创造即按照人类认识到的客观必然性，按照客观规律去改造世界，以实现人类的目的和要求的物质活动。自由创造正是合目的性和合规律性的统一，二者是在生产实践基础上统一起来的，二者统一就是美，即“劳动创造了美”。所以，在这个意义上可以说，美是合目的性与合规律性的完美结合并通过和谐宜人的形式表现出来的完美现象形态。人类在劳动中，首先创造了使用价值，以满足生理的物质需要；进一步又创造了审美价值，以满足心理的精神需要。可见，美的根源在于劳动，在于创造性的社会实践。美既表现在动态的实践活动中，也凝结在静态的工具和劳动产品上，还表现在作为劳动产物的人类自身上。所以马克思在《马克思 1844 年经济学哲学手稿》中说，“劳动创造了美”。

三、美是人的本质力量的对象化

马克思主义美学观认为，美的本质和人的本质是密切联系在一起的，凡是显示了人的本质力量的客观现象(包括实践活动产品、工具和人本身)就是美的，即美是人的本质力量的对象化。

“人的本质力量的对象化”是关于美的根源和本质的一种理论，它最初见于德国古典美学。席勒认为人在审美活动中，从外物上看到并反映出人自己，就是人的“对象化”。黑格尔明确提出人通过认识和实践活动“把他的环境人化了”，即自然被人化了。人在改变外在事物过程中实现自己的目的，美和艺术的本质就是人自己本质的对象化。费尔巴哈把黑格尔作为思维主体的人改造为自然的人,认为人的对象化就是通过人的感官建立起来的外在的自然,人在对象化的外在世界中看到美。马克思对德国古典美学作了根本改造,提出人的本质在其现实性上是社会关系的总和,人能够通过自己的社会劳动实践改变对象、改变自然,并在对象中实现自己的目的,使自然人化,使自己的本质对象化,同时使自己的本质得到丰富和发展,从中不仅得到物质上的满足,也得到精神上的享受。对象成了审美的对象,自然人化或人化自然是产生美的对象的根源,也是艺术创造及欣赏艺术的能力产生的根源。这一理论为进一步探索美的本质指明了方向。

具体说,"人的本质"就是人的规定性,即人在生产劳动实践中所表现的目的性、创造性、社会性。马克思曾经说过:"人类的特性恰恰就是自由的自觉的活动。"在这里马克思是从人和动物的区别、人和自然的关系来说明人的本质的。马克思所说的"自由"是指人认识和掌握了客观事物的规律性,便拥有了一定程度的自由,就可以按照客观规律去从事改造世界的活动,即合规律性。人和动物的区别正在于动物的活动是不自由的,是消极、被动的,它只能适应、顺从自然界。而人的活动却是自由的,是合规律的,他可以根据需要进行各种活动。所以,马克思说,"动物只是按照它所属的那个种的尺度和需要来建造",如麻雀可以按照它的种的尺度和需要来造窝,而不像田鼠一样在地下掘洞。而人却懂得按照任何一个种的尺度来进行生产",如人既可以"造窝"即建造房屋,又可以"掘洞"即建造地下室、海底隧道、防空工事等。马克思所说的"自觉"是指人从事的活动是有目的、有意识的,即具有合目的性。马克思说:"蜘蛛的活动与纺织工的活动相似,蜜蜂建筑蜂房的本领使人间的许多建筑师感到惭愧。但是,最蹩脚的建筑师从一开始就比最灵巧的蜜蜂高明的地方,是他在用蜂蜡建筑蜂房以前,已经在自己的头脑中把它建成了。劳动过程结束时得到的结果,在这个过程开始时就已经在劳动者的表象中存在着,即已经观念地存在着。他不仅使自然物发生形式变化,同时他还在自然物中实现自己的目的,这个目的是他所知道的,是作为规律决定着他的活动的方式和方法的,他必须使他的意志服从这个目的。"即是说动物的活动都是盲目的,受本能的支配,无论是蜜蜂建造蜂房还是蜘蛛编织蛛网,都是一种无意识的本能活动。而人的活动则是有目的的,人总是在一定意识指导下按照自己的目的来进行生产,因此,他比动物高明得多。

人的本质特性即自由、自觉的活动,就是指人在认识、把握了客观规律的基础上,使劳动对象按照自己的目的、意图发生预定的变化,即是合规律性和合目的性的统一 。

马克思不仅从人与动物的区别来说明人的本质特性,还从人与社会的关系来探讨人的本质。他认为人是社会的人,人的本质并不在于它的生物性,而在于它的社会性。马克思说:"人的本质不是单个人所固有的抽象物,在其现实性上,它是一切社会关系的总和。"人离不开社会,总是生活于现实的具体的社会关系之中的,不能脱离一定的社会关系而独立存在;离开了社会,人就失去了人的特质,就不称其为人了。离开社会生活的人身狼孩只具有兽性而无人性可言。人的所有活动也都是在社会关系中进行的，人的本质也只有通过社会关系才能表现出来。社会关系即人与人的联系和关系，包括生产关系、政治关系、伦理关系等。生产关系包含生产、交换、分配、消费诸关系，政治关系包含党派关系、阶级关系、民族关系、国家关系等，伦理关系包含家庭关系、夫妻关系、亲属关系等。此外，人们之间还有朋友关系、师生关系、邻里关系等。社会关系总是或多或少地制约和影响着人的各种活动，人的本质也正是从纷繁的社会关系中体现出来。

总之，人的本质是指由人的自由的自觉的活动造成的社会关系的总和，或者说是人在一定的社会关系中展开的人的自由的自觉的活动，即合规律性、合目的性的创造活动。所谓“人的本质力量”是指人类按照客观规律和自身目的进行自由创造的力量，表现为人们在创造性的活动中所显示出来的聪明、智慧、才能，在追求新生活中所显示出来的理想、情感、愿望等。人的本质力量是一种积极、前进的力量，随着社会的进步不断提高。所谓“人的本质力量的对象化”，就是人的本质力量的实现。它是指把人的本质力量物化在对象上，即人类在自觉、自由的实践活动中，将人的才能、智慧、思想、情感等本质力量凝结体现在实践对象、实践成果上。而显现了人的本质力量的实践对象和产品之所以能使人们感到美，是由于人们可以从中直接观照到自身的价值和理想、愿望的实现，而由衷地感到欣喜和自豪，从而产生愉悦欢快的情感 —— 美感。这种凝结着人的本质力量的客观对象，即实践对象和产品，就具有了美的属性，成为审美对象。概括言之，美的本质是合目的性与合规律性的统一，是人的本质力量的对象化。

第二节　美的特征

美的本质是内在的、抽象的，美的特征则是显露在外的特有标志。它由美的本质所决定，是体现美的本质的形式和象征。

一、形象性

美的形象性是指美的事物是以其生动具体的感性形象为主体感官所感知的特性，是以形式因素为主的、形式与内容相统一的特性。美的事物，无论现实美还是艺术美，都是借助具体可感的形象来展示其美的风采，即通过由特定的声、光、色、线、形、质等物理因素所构成的感性形式来展示自身。黑格尔说过：“美只能在形象中见出，因为只有形象才是外在的显现。”也就是说，美作为人的本质力量的对象化，即内容形式的对立统一，都是以一种具体可感的形象呈现出来的，离开一定的具体形态就无所谓美与丑。即美是具体可感的形象，而决不是抽象的概念，概念只有真伪、正误之分，没有美丑之别。人们可以欣赏瑰丽的玫瑰花，感受她的美，却无法欣赏书上关于玫瑰的抽象的描述，如在《现代汉语词典》关于玫瑰的解释："玫瑰，落叶灌木，茎干直立，刺很密，叶子互生，奇数羽状复叶，小叶椭圆形，花多为紫红色，也有白色的，有香气，果实扁圆形……"无论它描述得怎样准确、明白，仍构不成主体的审美对象，引发不出人们的美感。同样，人们说桂林山水是美的，指的是桂林地区的具体的山山水水，而不是这些山水的抽象的概念；而且这些山水的美，是通过它们优美的形态、悦目的色彩以及山、水、草、木之间自然而和谐的关系表现出来的，离开了这些自然物质材料所构成的感性形式，抽象的桂林山水就谈不上美或不美。人们都有这样的经验：对于一个渴望领略某处风景胜地的人来说，当他阅读导游说明书上的简短说明时，只能对这一名胜有一个朦胧抽象的概念，至多只能产生想去此处旅游的念头，而不可能产生美感；当他进一步翻看导游图上的风光照片时，也许能稍稍领略此处胜景的美之所在，但仍然是比较抽象的，也难以产生真切的感受；只有当他身临其境，置身于峰峦幽谷之间，流连于山泉溪水之旁，面对那如画的湖光山色，才能如醉如痴地沉浸于美的享受之中。所以美总是存在于感性形象之中，离开了特定的感性形式，美将无所依傍。

但美的形式并非仅仅由声、光、色、线、形、质所组成的纯形式，而是与内容有机统一的有意味的感性形式，从而使人可以在对美的直接观照中能够感受到自身本质力量的自由创造。美的形象性既包括形式因素又包括内容因素，形式与内容相统一，但以形式因素为主，因而其主要反映形式是视觉、听觉、触觉等，但理性思维对于美的形象性的把握也是必不可少的。视觉、听觉、触觉主要是感受形式因素的美，理性思维则是把握和理解美的形式与内容相统一的内在美。所以，美的形象性又是指以形式因素为主的形式与内容相统一的特性。

二、客观社会性

客观社会性是指美既是客观的，又是社会的，它既是不以人的主观意志为转移的客观存在，同时又不是脱离人的社会生活的纯粹的自然存在的东西。美的客观性在于它的物质性。任何领域的美，都是客观的物质性存在。因为从美的起源上看，它是人类改造世界的实践活动的产物，表现着人的自由的感性现实的物质存在。从美与审美意识的关系上看，没有客观存在的美，就没有客观存在的审美对象，人们的审美意识也就无从产生，也就没有美的概念、美的意识。所以，美是不依赖于人的意识的一种客观存在。

美的社会性是指它同人类的生产、生活发生的直接或间接的联系。美之所以有社会性是因为美总是对人而言的，为人而存在的。从哲学的高度讲，美是事物的一种价值，而任何价值只有对人而言才有意义，在没有人的地方，客观事物无所谓美丑。美，只是对人而言，审美判断也是由人作出的。从美的起源上看，美是人类社会实践的产物，是人类出现以后，由人类的劳动实践创造的，即便是未经人类劳动加工改造过的客观事物，如太阳、原始森林、冰山、遥远的天体，其客观规律性一旦被认识，并用来为人类服务，也就间接地打上了"人化自然”的印记,使其具有了某种程度的社会性。从美的普遍性来看,美不属于个人私有,而是为多数人所共享。每个人的审美情趣各有不同,但审美的标准却具有社会性,是一种社会现象。例如,晋代陶渊明爱菊花,唐代武则天爱牡丹,宋代周敦颐爱莲花,好像是个人爱好,而实际上是一种社会现象。因为花的某些特点被人为赋予它某种品质,而这种品质具有社会性,是社会所承认的。菊花之飘逸、牡丹之富丽堂皇、莲花之出污泥而不染,都是社会所推崇的品质。而某个具体人爱某个具体物,只是这种社会现象的具体体现。

三、相对性

美的相对性,是指美显现于对象、主体、时间、空间等各种关系之中。美的绝对性和相对性是辩证统一的关系,美的绝对性寓于相对性之中。我国古代《淮南子》就肯定了美的相对性,它说:“嫫母有所美,西施有所丑。”美和丑都不是纯粹的,没有绝对的美和丑,他们都是相对的。在西方,狄德罗把美分为绝对的美与相对的美。普列汉诺夫说过:“当我们在年轻貌美的女孩子的颊上看见红颜色,这种红颜色会使我们喜欢。但是如果我们不是在我们美人的面颊上而是在她的鼻子上看见这红颜色,这红颜色会对我们产生怎样的印象呢?”红色本来是人们喜爱的美颜色,它在适宜的位置上是美的,它在不适宜的位置上就是不美的。这就是美的相对性问题。漂亮的游泳衣在海边浴场穿是美的,在闹市穿就不美了。自然物的美也具有相对性,老虎在山中吃人就不美了,如果放在动物园供人们观赏就是美的了。所以,美的绝对性和相对性是辩证统一的关系。不承认美的相对性就会犯僵化和凝固化的错误,不承认美的绝对性就会犯相对主义的错误。

四、感染性

美的感染性是指美的事物所具有的吸引人、激励人、愉悦人的特性,是指美的事物能够引起审美主体的感情波动或思绪变迁的特性。美能够以情感人,人们常说:色美以感目,音美以感耳,意美以感心。即通过主体情感体验为中介,从悦耳悦目逐渐领悟到美的真谛,领悟到更深层次的美的意蕴,升华到悦心悦意的审美境界。美既然是具体的、形象的,它就不是直接诉诸于人的理智,而是首先诉诸于人的情感,或者说,人们欣赏任何一种美的事物,首先不是明白某种道理,而是在感情上产生某种冲动,获得某种精神上的愉悦和满足。《论语》中记载孔子在齐国欣赏《韶乐》,三月不知肉味,赞叹说:“不图为乐之至于斯也!”说是没有想到演奏音乐能使人感动到这种程度。这说的就是音乐形象的美的巨大感染力,它使人陶醉,使人心旷神怡,得到感情上的极大的愉悦和满足。

美还能够愉悦人的身心,人们都有这样的美感经验,无论是登临黄山观赏日出云海,还是聆听施特劳斯的《蓝色的多瑙河》圆舞曲,都会有一种难于名状的愉悦感。正如车尔尼雪夫斯基所说:美的事物在人心中所唤起的感觉,是类似我们面对亲爱的人时洋溢于我们心中的那种愉悦。我们无私地爱美，欣赏它，喜欢它，如同喜欢我们亲爱的人一样。他用爱情形象地比喻了美的愉悦性。美的事物之所以能够感染人，是否仅仅因为它有美的、悦人的外表呢？诚然，事物的外表确实是引起人们审美愉悦的一个因素，如汉乐府《陌上桑》描写罗敷女的美丽姿色时说："行者见罗敷，下担捋髭须；少年见罗敷，脱帽着帩头。耕者忘其犁，锄者忘其锄。"这就是说人们为罗敷的容貌所倾倒。但美的东西之所以引起人们的爱慕、喜悦，并不仅仅是因为它的悦人的外部形态，而主要是由于美的内在的品质。马克思说："我在我的生产中物化了我的个性和我的个性的特点，因此我既在活动时享受了个人的生命表现，又在对产品的直观中由于认识到我的个性是物质的，可以直观地感知的，因而是毫无疑问的权力，而感受到个人的乐趣。"这段话说得很明确，一个对象之所以能以其感性的形象引起人们的喜悦之情，就在于这一对象是人类劳动的产物，它显示了人的本质力量，从这一对象中人们感受到了自己的创造才能、自己的生活、自己的个性。由此，我们可以得出这样的结论，美的愉悦性和感染力的最深刻的根源，就在于美是人的本质力量的感性显现 。

综上所述，美的事物具有美的感染性，其根本原因是美的事物借助生动具体的感性形象来确证人的本质力量。具体说来，美的感染性源自美的形式与内容的有机统一，源自对主体的自由创造的肯定和确证，源自对事物的形式因素的和谐统一的感情。离开美的内容，美的事物就会失去打动人、感染人的力量和突破点；离开美的形式，美的事物就会失去打动人、感染人的有效途径。

五、功利性

美的功利性，是指美的事物具有某种对人有利、有益、有用的效能，是与美的社会内容相联系的内在属性。从表面上看，美是超功利的，与人的实用需求无关。实际上，美的社会功利性是隐藏于美的形象之后的，难以直接感受到的美的内在属性。美的社会功利性始终蕴含在美的事物和审美活动之中。美最初产生于实用功利，并被人们等同于实用功利。随着社会的发展，美逐步与实用功利分离开来，但美同实用仍然保持着一定联系，即美要受到实用的制约。总之，美的社会功利性是在人的经济实用需求得到满足的基础上所引起的精神愉悦的特性。美的社会功利性在自然美、社会美中表现得较为突出，而在艺术美中则相对隐蔽一些，这是因为人与自然、人与社会的关系多以功利形式存在，而艺术美则营造了必要的审美心理距离。

六、多样性

美的多样性，是指美的内容和形式没有僵化的模式，呈现出多姿多彩的特性。世界是多种多样的，美也是无限丰富的。美的本质是寓于丰富多彩的事物和现象之中，美具有多样性。布鲁诺说："这个物质世界如果是由完全相像的部分构成的就不可能是美的了。因为美表现于各种不同部分的结合中,美就在于整体的多样性。"《淮南子》也指出,美的形式是多种多样的,不是单一的。"佳人不同体,美人不同面,而皆悦于目。""西施、毛嫱,状貌不可同,世称其好,美钧也。"这就是说美是多样的,应该以开阔的视野来看待无限广大的世界和世界的美。

美是多样的,自然美、社会美、艺术美都呈现出多姿多彩的式样。但正确理解美的多样性,需要注意两点:既不应该以美的多样性为借口,把不美的事物现象拉入到美的行列;也不应只厚爱一种美,不承认美的多样性。即使是一个美的对象,也往往有美的多样性。郭熙《山水训》中说:"春山淡冶而如笑,夏山苍翠而如滴,秋山明净而如妆,冬山惨淡而如睡。"同样一座山,春夏秋冬各有不同的美,阴阳云雨别有一番风味,这也是美的多样性。

思考题

1. 如何理解美的根源在于实践?
2. 如何理解美的本质?
3. 如何认识美的客观社会性和相对性?

第二章　美的形式

美的本质存在于各种具体的审美对象中，具有丰富的、生动的形态。人们在经验中所接触到的美便是多种多样的，有社会生活中的美、自然中的美、艺术作品的美等等。根据对于美的本质的基本理解，可以将美逻辑地、历史地分为现实美与艺术美，前者又可划分为社会美和自然美。

第一节　现实美

一、社会美

1. 社会生活如何成为美

社会美是意象世界，见之于社会生活领域。社会生活是人的"生活世界"的主要领域。"生活世界"是有生命的世界，是人生活于其中的世界，是人与万物一体的世界，是充满了意味和情趣的世界。这是存在的本来面貌。但是在世俗生活中，由于人们习惯于用主客二分的思维模式看待世界，人与天地万物有了间隔，因而"生活世界"这个本原的世界就被掩盖了，人的生活失去了意味和情趣。这种情况在社会生活领域比在野生的自然风景区更为常见。因为在社会生活领域，利害关系更经常地处于统治地位，人们更习惯于用实用的、功利的眼光看待一切，用王国维的术语，就是人们更容易陷入"眩惑"的心态，生活变得呆板、乏味（失去意义）。

美（意象世界）的生成，要有一定的条件，就是要超越主客二分，超越"自我"的局限性，实现人与世界的沟通和融合。社会美的生成也是如此。由于在社会生活领域利害关系更经常地处于统治地位，再加上日常生活的单调重复，人们更容易陷入"眩惑"的心态和"审美的冷淡"，所以审美意象的生成常常受到遏止或消解。这可能是社会美过去一个时期不太被人注意的一个原因。

但是要看到，在人类的历史发展中，出现了一些特殊的社会生活形态，在这些社会生活形态中，人们超越了利害关系的习惯势力的统治，摆脱了“眩惑”的心态和“审美的冷淡”，在自己创造的意象世界中回到本原的“生活世界”，获得审美的愉悦。民俗风情、节庆狂欢、休闲文化、旅游文化等等都是这种特殊的社会生活形态。在这些社会生活形态中，人们在不同程度上超越了世俗的、实用的、功利的关系，回到人的本真的生活世界，回到人的存在的本来形态，从而浑然忘我，快乐，陶醉，充满自由感和幸福感。这些特殊的社会生活形态，是社会美的重要领域。

人的衣、食、住、行的日常生活领域，由于实用功利的意味比较浓厚，人们的“眩惑”即功利的心态是一种常态，是一种习惯，再加上日常生活是一种日复一日单调的重复，所以超越功利和突破“审美的冷淡”而生成意象世界（美）相对来说比较困难。但即便如此，具有审美心胸和审美眼光的人（例如很多艺术家）同样可以突破审美的冷淡麻木而在日常生活领域发现美，也就是在他们心目中同样可以生成意象世界。很多地区和民族的民众还常常在日常生活领域营造一种诗意的氛围，在这种氛围中获得美的享受。

2. 人物美

人是社会生活的主体，所以讨论社会美首先要讨论人物美。人物美可以从 3 个层面去观照。

（1）人物美是人体美。

人体美是由形体、比例、曲线、色彩等因素构成的一个充满生命力的意象世界。在人体美中，形体、比例、曲线、色彩等形式因素起到很大的作用。例如人们常常提到的“黄金分割”就是一个例子。符合“黄金分割”的形体被认为是最美的。德国美学家蔡辛经过大量测算发现，人的肚脐正好是人体垂直高度的黄金分割点，膝盖骨是大腿和小腿的黄金分割点，肘关节是手臂的黄金分割点。但是，经过严格测量，如果以肚脐为分割点，大多数男女的下身比长不够，一般差 2 寸（即 6 公分）左右。正因为这样，所以无论中国外国，人们老早就开始有意把下身加长。法国的女士从路易十五时代就开始穿高跟鞋。我国的满族妇女也穿很高的木底鞋。真正完全补救下身长之不足的大概要算舞台上的芭蕾舞演员，她们立起脚尖把下身拉长了 2 寸有余，这样她们的人体真正符合了黄金分割的要求。当然，在绘画、雕塑作品中，情况就不一样了。如在波提切利的《维纳斯的诞生》中，维纳斯的人体比例，以肚脐为中心，完全符合黄金分割的要求。

但是，人体美的形式因素不能脱离人的感性生命的整体，也不能脱离人的社会文化生活的环境和人的精神生活。人的形体美、线条美、色彩美等等，最终显示为感性生命之美。当代法国哲学家福柯极其推崇人体美。在他看来，人体，作为世界上最完美和最崇高的艺术品，是自然界赋予人类的无价之宝和最高尚的礼物。同时他认为，人体美不仅是自然的产物，而且也是人类社会文化生活经验的累积结晶，是历史的沉淀物。社会和文化的发展，都在人的身体上留下了不可磨灭的烙印。因此,人体美和人的精神生活是紧密相联的。

人体美从来就是人的重要的审美对象。在西方,从古希腊开始就是如此。古希腊的各个城邦,为了造就体格最好的斗士,青年人大半时间都在练身场上角斗、跳跃、拳击、赛跑、掷铁饼,把赤露的肌肉练得又强壮又柔软,目的是要练成一个最结实、最轻灵、最健美的身体。在这种风气下,希腊人非常欣赏人体的完美。西方美术史上有许多表现人体美的雕塑作品。艺术家的人体雕塑达到了炉火纯青的境界。《米洛的维纳斯》就是其中的经典。黑格尔说:“她是纯美的女神。”她所表现的是由精神提升的感性美的胜利,是秀雅、温柔和爱的魅力。单从形体方面看,这座雕塑完全符合黄金分割的规律。1972 年在意大利南部海域发现的两尊《里亚切武士像》,同样是表现人体美的杰作。文艺复兴时期米开朗琪罗的《大卫》、20 世纪初法国雕塑家罗丹的《思想者》《吻》《永恒的偶像》都是表现人体美的杰作。研究美术史的学者认为,古希腊的菲狄亚斯、文艺复兴时代的米开朗琪罗、20 世纪初的罗丹是欧洲雕塑史上的三座高峰。

西方美术史上还有许多以人体美为内容的绘画。如波提切利的《维纳斯的诞生》、乔尔乔内的《沉睡的维纳斯》、安格尔的《大宫女》和《泉》、雷诺阿的《大浴女》等等,都是不朽的杰作。东方美术史和中国美术史上也有以人体美为内容的作品。美国大都会博物馆收藏的一尊印度 12 世纪早期的《舞蹈天使》雕像,突出高耸的乳房,面容、姿态都美到了极点。1959 年,西安火车站出土了一件盛唐时代的菩萨立像,头部、右臂、左前臂以及双膝以下残损,但仍可以看出立像衣饰轻柔顺畅,肌肤光洁圆润,充分显示出女性的人体美。

(2)人物美是人的风姿和风神。

人体美是人的感性生命的美。而当一个人的言行举止、声音笑貌表现出这个人的内在的灵魂美、精神美时,就形成为一种风姿之美,风神之美。《诗经·卫风》描绘一位女子:“手如柔荑,肤如凝脂,领如蝤蛴,齿如瓠犀,螓首蛾眉,巧笑倩兮,美目盼兮。”前面一大堆描绘都是外在的、静态的,有了最后这两句“巧笑倩兮,美目盼兮”,这个人就活起来了,有了吸引人的魅力了。这就是人的风姿之美,风神之美。西方油画中有许多人物肖像画就很注重描绘人物的风姿之美、风神之美。文特霍尔特的肖像画《里姆斯基－科萨科夫伯爵夫人》就是这方面的名作。

(3)人物美是处于特定历史情景中的人的美。

凡是人,都不能脱离社会生活,都必然生活在特定的社会历史环境之中。但是在前面两个层面(人体美和人的风姿美),人们一般是把人的美从社会生活环境中相对孤立出来欣赏;这一个层面(处于特定历史情景中的人的美),则是把历史人物放在具体的历史情景中来欣赏。例如,卧薪尝胆的勾践,垓下悲歌的项羽,当垆卖酒的卓文君,投笔从戎的班超,舌战群儒的诸葛亮,横槊赋诗的曹操,枕戈待旦的刘琨,闻鸡起舞的祖逖,等等,就是这种处于特定历史情景中的人的美。从很多人物回忆、人物传记中可以看到这种特定历史情景中的人的美。

人物美的这一个层面,相比前两个层面,包含有更丰富的历史的内涵和人生的意蕴,也更能引发欣赏者的人生感、历史感。历史上许多文学家、艺术家喜欢把这种处于具体历史情景中的人物作为自己创作的题材。例如,法国画家就创作了许多以处于历史重大时刻的拿破仑为题材的作品,最有名的有大卫的《拿破仑一世的加冕》,等等。莎士比亚也以这种处于具体历史情境中的历史人物为题材写了许多著名的悲剧。

3. 日常生活的美

老百姓的日常生活是社会生活的最普通、最大量、最基础的部分。它是老百姓的日复一日的平常日子。所以在一般人的印象中往往认为它是单调的、平淡的、缺乏内涵的、毫无意趣的。其实不然。无论是衣、食、住、行,婚、丧、嫁、娶,播种、收割,养鸡、放牛,采桑、纺织,打猎、捕鱼,航海、经商,……都包含着丰富的历史、文化的内涵,如果人们能以审美的眼光去观照,它们就会展示出一个充满情趣的意象世界。金圣叹说,两个乡下老太太在路上碰面,停下来说话,你远远看去,就是一幅很美的图画。老百姓的日常生活是社会美的重要领域。

我们可以看一看衣食住行中的"食"这一项。从古代开始,饮食就不仅是适应人为了活命的生物性的需要,而且也是适应人的精神生活的需要。饮食是一种文化,它和社会生活各个方面(从政治、经济到生活方式,从社会风气到社会心态)紧密联系,包含有历史的、审美的意蕴。如北京的饮食文化:由精益求精的谭家菜,到恩承居的茵陈蒿,到砂锅居的猪全席、全聚德的烤鸭、烤肉宛的烤肉,再到穆家寨的炒疙瘩,还有驴肉、爆肚、驴打滚、糖葫芦、酸梅汤、奶饽饽、奶乌他、萨其马,还有热豆汁、涮羊肉、茯苓饼、豌豆黄、奶酪、灌肠、炒肝儿,冬天夜半叫卖的冻梨、心里美……求之他处,何可复得?北京的饮食文化构成了一个韵味悠长的意象世界。

中国人的生活离不开喝茶、饮酒,茶、酒和社会生活的各个方面都有联系,它们常常伴随人世的兴衰和悲欢,因而包含有丰富的文化的意蕴。西方人喝咖啡形成了咖啡文化,咖啡文化也包含有丰富的文化意蕴和审美情趣。日常生活的美,在很多时候,是表现为一种生活的氛围给人的美感。这种生活氛围,是精神的氛围,文化的氛围,审美的氛围。这种氛围,有如玫瑰园中的芳香,看不见,摸不着,但是人人都可以感受到,而且往往沁入你的心灵最深处。西方文化沙龙给人的美感,往往就在它的氛围。中国古代很多有名的诗句都是描绘这种生活氛围的美感。如"渡头余落日,墟里上孤烟"(王维),这是氛围之美;"姑苏城外寒山寺,夜半钟声到客船"(张继),这是氛围之美;"儿童相见不相识,笑问客从何处来"(贺知章),这也是氛围之美。中国古人特别追求在普通的日常生活中营造美的氛围,历史上许多文学家、艺术家,以老百姓这种普通的日常生活为题材,创作出了许多不朽的文学艺术作品。敦煌壁画上,也生动描绘了当时老百姓的日常生活场景:耕种,养蚕,纺织,盖房,打猎,捕鱼,制陶,冶铁，畜牧，屠宰，推磨，做饭，婚嫁，商旅，等等。17世纪荷兰画派的画家曾经创作了一大批真实描绘当时荷兰普通老百姓的日常生活的绘画，在绘画史上占有重要的位置。黑格尔在他的《美学》中几次提到荷兰画派那些描绘世俗性的日常生活的绘画，并给以很高的评价。黑格尔指出："这种爽朗气氛和喜剧因素是荷兰画的无比价值所在。"因为这种欢天喜地的快活气氛显现了人之所以为人的本质。从黑格尔的论述可以看出，所谓社会美（例如荷兰人的平凡的日常生活的美）是一个意象世界，其中包含着深刻的历史的意蕴，照亮了老百姓生活的本真状态。

19世纪法国大画家米勒画了许多描绘农民生活的人物画和风俗画，最有名的是《拾穗者》《晚钟》，成为西方艺术史上的不朽的作品。我国现代画家丰子恺画了许多描绘儿童日常生活的漫画，照亮了充满情趣的儿童生活世界。

4. 民俗风情的美

在一定历史时期，一个地区的人民群众都有自己相对固定的生活方式，人们称之为民俗。俗话说："十里不同风，百里不同俗。"又说："相沿成风，相染成俗。"当这种相对固定的生活方式显示出审美价值时，就称为风情。而当人们完全超脱日常的生活方式而成为纯审美的活动时，就成为节庆和狂欢活动。

民俗风情是重要的审美领域。因为这里包含有人生、历史的图景，有老百姓的酸甜苦辣、喜怒哀乐。北京的天桥，杭州的西湖，南京的秦淮河，德国的莱茵河，法国的塞纳河，历来都是游客体验民俗风情的著名景区。明末清初的文学家张岱在他的《陶庵梦忆》《西湖梦寻》等著作中，对明代末年南方城市的民俗风情做了十分精彩的描绘。如《西湖香市》，描绘当时西湖香市"有屋则摊，无屋则厂，厂外又棚，棚外又摊""岸无留船，寓无留客，肆无留酿""如逃如逐，如奔如追，撩扑不开，牵挽不住"的热闹场景。又如《西湖七月半》，写七月十五日夜晚杭州人涌到西湖边赏月，描绘了5种不同阶层的人的享乐方式和审美情趣，是当时西湖民俗风情的一幅极好的图画。北京的胡同也有独特的风情。光是胡同的名字，就引人遐想，你看：百花深处，杏花天胡同，花枝胡同，菊儿胡同，小金丝胡同，月光胡同，孔雀胡同，胭脂胡同……这些胡同的名称多么富于诗意！北京胡同里还有独特的吆喝声和响器声，声儿忽高忽低，声音时远时近，传送出一种悠长的韵味。吆喝用的是北京地方的语言和音调，渗透着地方的、民间的、欢乐的、幽默的趣味。总之是地道的京腔、京调、京韵、京味。你听夏天卖西瓜的吆喝："吃来呗弄一块尝，这冰人儿的西瓜脆沙瓤儿；三角的牙儿，船那么大的块儿，冰糖的瓤儿；八月中秋月饼的馅儿，芭蕉叶轰不走那蜜蜂在这儿错搭了窝；沙着你的口甜呐，俩大子儿一牙儿。"这种吆喝是民俗文化的重要组成部分，是一种充满感情的生活之歌，能够给心灵短暂的慰藉，又是一闪而逝的美的享受。

民俗风情作为重要的审美领域，历来为艺术家所关注。他们创作了许多描绘民俗风情的艺术作品。宋代大画家张择端的《清明上河图》就是一个例子。《清明上河图》是一幅长卷画，描绘了公元12世纪北宋开封城外东南七里的一段汴河风光和城内街道的热闹繁华景象。《清明上河图》的确是一幅伟大作品，有了它，我们才能够看到800多年前开封城的民俗风情，感受到宋代都城老百姓对于平静、安乐、和谐生活的一种满足的心态。

民俗风情中最值得注意的，是节庆狂欢活动。节庆狂欢活动是对人们日常生活的超越。以有别于过日常生活的方式去和这个世界共同体验一种和谐，并浑然沉醉其中，可以说正是"节日庆典"的意义。节庆狂欢具有全民的性质，是超越日常生活的"第二生活"，实际上是回复到本身的日常生活。由于这样，普通老百姓也就超脱了日常生活的种种束缚，超脱了各种功利性和实用主义，人与人不分彼此、互相平等、不拘形迹、自由来往，从而显示了人的自身存在的自由形式，显示了人的存在的本来形态，这就是一种复归，即人回复到人的本真存在。在狂欢节的感受中还包含着一种人生感，因为在狂欢节的感受中，总是显示着不断的更新与更替，不断的死亡与新生，衰颓与生成，显示着生死相依，生生不息。死亡和再生，交替和更新的因素永远是节庆世界感受的主导因素，所以人们在狂欢节的感受是一种渗透着形而上意蕴的审美感受（人生感）。其实，不仅限于狂欢节，就是一般的节庆活动也永远和时间有着本质性的联系。因为节庆唤醒人的时间意识，使人强烈体验到生命流逝，产生一种莫名的伤感。

5. 休闲文化中的审美意味

人类社会很早就出现了休闲文化。休闲并不是无所事事，而是在职业劳动和工作之余，人的一种以文化创造、文化享受为内容的生命状态和行为方式。休闲的本质和价值在于提升每个人的精神世界和文化世界。拥有休闲是人类最古老的梦想——从无休止的劳作中摆脱出来；随心所欲，以欣然之态做心爱之事；于各种社会境遇随遇而安；独立于自然及他人的束缚；以优雅的姿态，自由自在地生存。

休闲文化的核心是一个"玩"字。"玩"是自由的，是无功利、无目的的。小孩的玩（玩水，玩泥土）就是无功利、无目的的。玩很容易过渡到审美的状态。所以休闲文化往往包含有审美意象的创造和欣赏，而且休闲文化所展现的意象世界，往往是社会美、自然美、艺术美的交叉和融合。

中国古代的学者和文人很重视休闲。他们主张"忙里偷闲"。清代文学家张潮说过："人莫乐于闲，非无所事事之谓也。闲则能读书，闲则能游名山，闲则能交益友，闲则能饮酒，闲则能著书。天下之乐，孰大于是？"张潮认为"闲"对于人生有积极的意义。这话说得很对。有了"闲"，才能有审美的心胸，才能发现美、欣赏美、创造美。在中国古代文人的生活中，琴、棋、书、画占了一个重要的位置；在中国老百姓的生活中，花、鸟、虫、鱼的养护和欣赏也占了一个重要的位置。这些都属于休闲文化。还有饮酒、品茶、放风筝、养鸽子、蓄鹰、斗蛐蛐、古玩的收藏和鉴赏等等,也都是休闲文化。

旅游文化是休闲文化的重要内容。旅游是从人的功利化的日常生活中超脱出来,是日常生活的隔离、中断。一到旅游景区,旅游者都把日常的眼光(功利的眼光和逻辑的眼光)换成了审美的眼光。用审美的眼光看世界,眼前的一切都成了美(意象世界),新鲜、奇特、有意味。所以旅游活动从本质上讲就是审美活动,也就是超越实用功利的心态和眼光,在精神上进入一种自由的境域,获得一种美的享受。

二、自然美

1. 自然美的性质

自然美的问题,在美学史上是一个引人关注的问题,对于自然美的性质,主要有下述几种看法。

(1)自然美在于自然物本身的属性,如形状、色彩、体积以及对称、和谐、典型性等等。我国主张“美是客观的”一派在自然美的问题上就持这种观点。西方美学史上持这种主张的人不少。如赫尔德认为,任何自然的物品都有自身的美,所以“美的对象是被置于一个上升的阶梯之上的,从轮廓、颜色和声调,从光、声音到花朵、水、海洋、鸟、地上的动物到人。”“地上动物中最丑的是最像人的动物,如忧郁和悲伤的猴子;最美的是那些有确定形式的、(肢体)安排得很好的、自由的、高贵的动物,那些表现出甜柔的动物,那些具有自然完善的、幸运的与和谐生存的动物。”又如费舍尔,他把他的美学称为“美学的物理学”,这个美学的物理学包括无机自然界(光、热、空气、水、土)的美,有机自然界(如植物的四大部类、脊椎动物和无脊椎动物)的美,以及人的美。人的美又有年龄、性别、种族、文化以及历史时代的区别。

(2)自然美是心灵美的反映。在我国,主张“美是主观的”一派在自然美的问题上就持这种观点。在西方美学史上,黑格尔是这种观点的代表。他说:“自然美是属于心灵美的那种美的反映,它所反映的是一种不完善的形态,而按照它的实体,这种形态原已包含在心灵里。”

(3)自然美在于“自然的人化”。提出这种看法的是在我国主张“美是客观性和社会性的统一”的一派(后来发展成为“实践美学”)。所谓“自然的人化”,就是说,人通过生产劳动的实践,改造了自然界(包括人自身),于是自然界成了“人化的自然”。人在“人化的自然”中看到了人类改造世界的本质力量,从而产生美感。所以,自然美在于“自然的人化”。“自然的人化”有狭义和广义两种。狭义的“自然的人化”是指通过劳动、技术去改造自然事物,广义的“自然的人化”是指整个社会发展到一定阶段,人和自然的关系发生了根本改变。

(4)自然美在于人和自然相契合而产生的审美意象。在我国的美学家中,持这种观点的是主张“美是主客观的统一”的朱光潜。朱光潜认为,如果把自然美理解为客观自然物本身存在的美，那么，自然美是不存在的。他在《文艺心理学》中说：“自然中无所谓美，在觉自然为美时，自然就已告成表现情趣的意象，就已经是艺术品。”他在《谈美》中也说：“其实‘自然美’三个字，从美学观点来看，是自相矛盾的，是‘美’就不自然，只是‘自然’就还没有成为‘美’。”“如果你觉得自然美，自然就已经艺术化过，成为你的作品，不复是生糙的自然了。”

朱光潜对自然美的这种看法，也就是柳宗元说的“美不自美，因人而彰”。中国美学史上很多人说过类似的话。最早孔子说：“知者乐水，仁者乐山。”这就意味着人对自然山水的美感是由于人与自然山水的一种契合。庄子说：“山林与！皋壤与！使我欣欣然而乐与！”这也是说人与自然互相契合从而产生一种自由感和美感。王夫之说：“两间之固有者，自然之华，因流动生变而成绮丽。心目之所及，文情赴之，貌其本荣，如所存而显之，即以华奕照耀，动人无际矣。”这些话也都是说，自然的美，有待于人的意识去发现，去照亮，有待于人和自然的沟通、契合。

西方美学史上，也有很多这样的论述。上面提到的黑格尔，他主张自然美是心灵美的反映，过于把主体绝对化了。但他也有一些很好的论述。例如他说：“自然美只是为其他对象而美，这就是说，为我们，为审美的意识而美。”这句话并没有说错。他把自然美对人的意义概括为三方面。第一，与人的生命观念有关。因而人喜欢活动敏捷的动物，厌恶懒散迟钝的动物。第二，自然界许多对象构成风景，显示出“一种愉快的动人的外在的和谐，引人入胜”。第三，自然美还由于感发心情和契合心情而得到一种特性。例如寂静的月夜，平静的山谷，其中有小溪婉蜒地流着，一望无边波涛汹涌的海洋的雄伟气象，以及星空的肃穆而庄严的气象就是属于这一类。这里的意蕴并不属于对象本身，而是在于所唤醒的心情。黑格尔说的这三种情况，其实都属于人与自然的契合，都是自然物感发心情和契合心情而引发的美感。后来，俄国的车尔尼雪夫斯基在《生活与美学》一书中对黑格尔美学的基本观点进行批判，提出“美是生活”的论点。他认为自然美离不开人，离不开人的生活。他说：“人一般地都是用所有者的眼光去看自然，他觉得大地上的美的东西总是与人生的幸福和欢乐相连的。太阳和日光之所以美得可爱，也就因为它们是自然界一切生命的源泉，同时也因为日光直接有益于人的生命机能，增进他体内器官的活动，因而也有益于我们的精神状态。”车尔尼雪夫斯基的这些话，也包含了把自然美看作是人与自然的沟通和契合的思想。

按照本书的“美在意象”的基本观点，在自然美的问题上，本书赞同上述这第四种观点。本书认为，自然美也是情景交融、物我同一而产生的审美意象，是人与世界的沟通和契合。就这一点来说，自然美与社会美、艺术美是一样的。所不同的，自然美是在自然物、自然风景上见出，社会美是在社会生活的人与事上见出，而艺术美是在艺术品上见出。王国维说：“夫境界之呈于吾心而见于外物者，皆须臾之物。”任何美（审美意象）都是“呈于吾心”，同时又“见于外物”。自然美是见于自然物、自然风景。用郑板桥的术语，就是“胸中之竹”。

在一般人的观念中，自然美就是自然物、自然风景的美，如浩翰的大海之美，辉煌的日出之美，皎洁的月亮之美，晶莹的雪花之美，等等。大家都这么看，大家都这么说，已经成了习惯。但是如果细究起来，在这个习惯的观念后面，可以区分出对于自然美的性质的两种不同的看法。一种看法就是把自然美看成是自然物本身客观存在的美，一种看法就是把自然美看成是人心所显现的自然物、自然风景的意象世界。后面这种看法是本书赞同的看法。这个意象世界，就是石涛说的，是“山川与予神遇而迹化”所生成的美。也就是说，自然风景所以能使人感兴，“有情有味，历久弥新”，就在于人与自然的契合，所谓“我见青山多妩媚，料青山见我应如是”（辛弃疾），所谓“非唯我爱竹石，即竹石亦爱我也”。

总之，照本书的看法，自然美就是“呈于吾心”而见于自然物、自然风景的审美意象。

2. 和自然美的性质有关的几个问题

美学界对于自然美的讨论，除了自然美的性质之外，还有几个和自然美的性质有关的问题。

（1）是否所有的自然物（自然风景）都是美的？

近20年来，在英美美学界流行一种“肯定美学”的观点，持这种观点的美学家认为，自然中所有东西都具有全面的肯定的审美价值。如哈格若夫说，“自然是美的，而且不具备任何负面的审美价值。”“自然总是美的，自然从来都不丑。”“自然中的丑是不可能的。”从表面上看，中国古代美学家也说过类似的话，实际上观点并不相同。如叶燮说到：“凡物之美者，盈天地间皆是也，然必待人之神明才慧而见。”叶燮的话是说自然物都可能美，但必须有人的“神明才慧”去发现它，去照亮它，也就是必须有人与自然物的沟通和契合。鱼鸟昆虫、斜阳芳草这些普通的自然物，都可能成为“美”，成为“妙”，关键在于人的审美意识和审美活动，在于人与自然物的沟通和契合。其实，车尔尼雪夫斯基也说过类似意思的话。他说：“人生中美丽动人的瞬间也总是到处都有。无论如何，人不能抱怨那种瞬间的稀少，因为他的生活充满美和伟大事物到什么程度，全以他自己为转移。”

人的审美活动是一种社会的、历史的文化活动。一个外物（包括自然风景和社会风物）能否成为审美对象，是社会文化环境的诸多因素所影响和决定的。当社会环境的某些因素和人所处的具体情景遏止或消解了情景的契合、物我的交融，遏止或消解了人与世界的沟通，也就遏止或消解了审美意象的生成，那样的对象就不可能是美的。这里有多种情况。有的是太平常，有的是太令人厌恶，有的是现实生活的利害关系排斥或压倒了对某一对象的注意和兴趣，从而引起审美上的麻木和冷淡。其实，就是在现在，由于具体的生活情境不同，某一自然景观也不是在任何时候都是美的。很多人都有这方面的经验。

“肯定美学”的“自然全美”的观点，最根本的问题是把自然物的美看成是自然物本身的超历史的属性，从而否定审美活动（美与美感）是一种社会的历史的文化活动。但是人类的文化史说明，审美的社会性、历史性是不能否定的，人与自然物能否沟通和契合，能否“浡然而兴”，能否生成审美意象，这要取决于社会文化环境的诸多因素，取决于审美主体的审美意识以及审美活动的具体情境，因而自然中的东西不可能“全美”，“肯定美学”所持的“自然全美”的观点是站不住的。

(2)自然物（自然风景）的审美价值是否有等级的分别？这是与上面的问题相联系的一个问题。

艺术品的审美价值有等级的分别，这是大家都承认的。中国古代有很多题名为“诗品”“画品”“书品”的著作，就是对诗歌、绘画、书法的作品进行审美“品”“格”的区分。没有人会主张所有艺术品有同等的价值。例如，没有人会主张达·芬奇的作品和同时代其他画家的作品有同等的价值，也没有人会主张《红楼梦》和同时代的其他小说有同等的价值。

人们通常说“桂林山水甲天下。”“五岳归来不看山，黄山归来不看岳。”这些话都说明在人们的审美经验中，自然物的审美价值是有高低之分的。这种审美价值高低的区分，不仅与自然风景本身的特性有关，而且和人的审美意识以及审美活动的具体情境有关，所以，即便是同一个自然物，也会产生不同的美感。例如，月亮，作为一个自然物，它给予人的美感就很不一样。古往今来多少诗人写过月亮的诗，但是每首诗中月亮给人的美感很不相同。同是月亮，因为人的生活世界不同，人的心境不同，人感受的意趣就不同。这些都说明自然物（自然风景）的审美价值不能脱离人的生活世界，不能脱离人的审美意识。就像古人所说的“思苦自看明月苦，人愁不是月华愁。”“匪外物合或改，固欢哀兮情换。”自然美不能归结为自然物的物理实在本身的特性。否则一切都说不清楚。

(3)自然美高于艺术美，还是艺术美高于自然美？这也是在美学史上争论得很热闹的一个问题。争论的双方旗帜都很鲜明。

一方主张自然美高于艺术美。19世纪英国学者罗斯金曾说过这样一句话：“我从来没有见过一座希腊女神的雕像比得上一位血色鲜丽的英国姑娘一半美。”

另一方主张艺术美高于自然美。最有名的是黑格尔。他在《美学》序论的开头就说：“我们可以肯定地说，艺术美高于自然美。因为艺术美是由心灵产生和再生的美，心灵和它的产品比自然和它的现象高多少，艺术美也就比自然美高多少。”黑格尔强调，这种“高于”，不是量的分别，而是质的分别：“只有心灵才是真实的，只有心灵才涵盖一切，所以一切美只有在涉及这较高境界而且由这较高境界产生出来时，才真正是美的。就这个意义来说，自然美只是属于心灵的那种美的反映，它所反映的只是一种不完全不完善的形态，而按照它的实体，这种形态原已包涵在心灵里。”根据这一观点，黑格尔把自然美排除在美学研究的范围之外。

按照本书现在对于审美活动的基本观点，对于上述争论可以有一种新的看法。

按照本书现在的观点，美是人与世界的沟通和契合，是由情景相融、物我同一而产生的意象世界，而这个意象世界又是人的生活世界的真实的显现。就这一点来说，自然美和艺术美是相同的。正因为它们相同，所以它们都称作“美”。用郑板桥的说法，自然美是“胸中之竹”,艺术美就是“手中之竹”。它们都有赖于人的意识的发现、照亮和创造。就它们都是意象世界,都离不开人的创造,都显现真实的存在这一点来说,它们并没有谁高谁低之分。黑格尔说艺术美高于自然美的理由在于艺术美是心灵产生的,其实自然美也是心灵产生的。宗白华曾说:“一切美的光是来自心灵的源泉:没有心灵的映照,是无所谓美的。”正因为自然美同样离不开心灵的映射,所以自然美的意蕴也并不一定比艺术美的意蕴显得薄弱。清代诗人沈德潜说:“余于登高时,每有今古茫茫之感。”李白诗:“试登高而望远,咸痛骨而伤心。”这说明,古代诗人在登高望远时,他们胸中产生的自然山水的意象世界,包含有极丰富的意蕴和极强烈的情感色彩,绝不亚于一幅山水画(艺术美)所给予观者的感兴。

总之,从美作为审美意象这个层面,即从美的本体这个层面,自然美和艺术美没有高下之分。当然,不同的自然物(自然风景)在审美价值上有高低之分,不同的艺术作品在审美价值上也有高低之分,但这和此处讨论的不是一个问题。同时,艺术作品的创作,从“胸中之竹”到“手中之竹”,有一个技艺操作的层面,这也给艺术美带来一些不同于自然美的特点,并对欣赏者的美感产生影响。但这和从美的本体层面讨论艺术美和自然美谁高谁低的问题也不是一个问题。

3. 自然美的意蕴

审美活动是一种社会文化活动,美是一个历史的范畴。自然美也是如此。自然美的发现、自然美的欣赏、自然美的生命,离不开人的胸襟、离不开人的心灵、离不开人的精神,最终离不开时代、离不开社会文化环境。在一个特定的文化环境中,山川映入人的胸襟,虚灵化而又情致化,情与景合,境与神会,从而呈现一个包含新的生命的意象世界,这就是自然美。自然美是历史的产物。

自然美的意蕴是在审美活动中产生的,是人与自然物(自然风景)互相沟通、互相契合的产物,因而它必然受审美主体的审美意识的影响,必然受社会文化环境各方面因素的影响。即便是同一种自然物(如日月星辰、花鸟虫鱼等等),它在不同时代、不同民族、不同文化圈、不同生活氛围中成为审美对象时,意蕴也不相同。

张潮在《幽梦影》一书中说:“梅令人高,兰令人幽,菊令人野,莲令人淡,春海棠令人艳,牡丹令人豪,芭蕉与竹令人韵,秋海棠令人媚,松令人逸,桐令人清,柳令人感。”梅、兰、菊、莲等自然花木的审美意象,具有不同的意蕴,显示出不同的气质和情调。这就是中国古代特定的文化传统和文化环境所规定的。西方人在这些花木面前也产生美感,但不会感受到这样的气质和情调。

更能说明问题的是中国人对石头的美感。中国的古典园林中绝对不能缺少奇石。对于石头的美感,包含着极其丰富、极其微妙的中国文化的意蕴。北宋书法家米芾用“瘦”“漏”“透”“皱”四个字概况太湖石的意蕴。在米芾这样的中国古代艺术家看来,太湖石(如留园冠云峰)是有生命的,是与自己的心灵相通的,是自己的朋友,所以它是美的。瘦、漏、透、皱,当然和太湖石作为物理存在的特点有关,但它们是被米芾的审美意识照亮的,它们是在米芾和石头的沟通和契合中生成的,它们凝聚着中国文化、中国哲学、中国美学的丰富的内涵。这种意蕴,必须从在特定的文化传统和文化环境中进行的审美活动来得到说明,用自然物的物理性质或"自然的人化"都是说明不了的。

第二节　艺术美

一、艺术美的本质

现实生活中的社会美和自然美虽然广阔、生动和丰富,但是由于许多限制,它们仍然不能充分地满足人们的审美需要。现实生活中社会事物的美在一般情况下,和艺术相比较并不经常表现得那样集中、精粹和典型,时间和空间的局限更使它们不能比较普遍地为人们所观赏,也不能以其具体感性存在直接地长久流传下来。自然景物的美虽然具有更大的时间上的稳定性和空间中的普遍性,但是它们也仍然经常被自然本身许多偶然因素所干扰和破坏,特别是它们不能集中展示出明确的社会内容,例如社会思想。可见,现实中的美虽然是美的惟一源泉,是无比生动丰富的,但因上述各种原因,又是比较粗糙、分散、处于自然形态的,不能充分满足人们审美的需要。从而,艺术美就为满足这种特殊需要而历史地、必然地产生出来。

现实美是美的客观存在形态,艺术美却只是这种客观存在的主观反映的产物,是美的创造性的反映形态。现实美是艺术美的惟一源泉,属于社会存在的范畴,即第一性的美;艺术美却是属于社会意识的范畴,即第二性的美。尽管艺术美也是能为审美主体所欣赏的客观对象,艺术创作也是一种实践性的活动,但其本质却是客观世界的反映,是意识形态性的。

艺术美作为美的反映形态,它是艺术家创造性劳动的产物。和普通实际生活的美相比较,它具有"更高、更强烈、更有集中性、更典型和更理想"的特点。当把现实的审美对象经过相对的抽象而化平淡为神奇,就可能具有更为长久的魅力。作为第二性的美,艺术美不仅来自现实生活,是现实美的反映,而且也反作用于现实美的存在和发展。它不仅加深人们对现实中的美的感受和领会,而且更能影响人们的思想感情。通过人们的审美意识而反作用于人们的行动,反作用于人们的生产斗争、阶级斗争和科学实验,从而更进一步推动现实美的不断前进。毛泽东在《在延安文艺座谈会上的讲话》中指出,生活是艺术的惟一源泉,但艺术美却可以高于现实美,充分地肯定了艺术美在改造世界中的积极的能动作用。这就体现了艺术美与现实美的辩证关系。艺术美是重要的审美对象,艺术对现实的审美关系是美学的一个重大问题。

二、艺术分类的美学依据

不言而喻,艺术领域中多样化的种类和体裁,是客观存在着的事实,这个事实是人们仅仅通过知觉就可以觉察得到的。然而在美学研究中,却不能停留于罗列这些事实,也不能满足于从一个方面加以研究。重要的是,如何给这些多样化的形态的形成和发展以理论上的说明,这才是问题的本质所在。从这个观点出发,本书认为研究艺术种类的问题,必须考虑艺术作为审美意识的集中化和物质形态化的表现这个基本性质。

审美意识是现实美在人们主观上的反映,它要转化为供人观赏的艺术作品,需要运用一定的物质手段以构成可以通过感官把握的艺术形象。在这整个转化过程中,包含着三个必要环节或因素,即现实美,感受、反映的途径或方式以及物质手段。显然,一件完成了的艺术作品呈现出什么样式,必然要受这三者(特定的现实美存在形态,特定的感受、反映途径和特定的物质手段)的共同制约,从而形成一种特殊的内容与形式相统一的表现方式。每一种艺术种类的特点和规律,都需要从三者的统一中去把握,但这并不妨碍对它们分别地从其中的某一特点加以考察,而且这种分别地考察常常很有必要。例如,从现实美的特定存在形态(即一种艺术作品的题材所反映的现实生活的一定方面)去考察,就可以从空间与时间、静与动等角度进行分类研究;从审美主体的感受、反映的途径或方式去考察,就可以从视觉、听觉、想象等角度进行分类研究;从特定的物质手段角度去考察,就可以从形体、色彩、线条、声音、语言等不同材料的特点进行分类研究。然而不难看出,单纯从任何一个角度去考察,都不能充分地、完全地掌握各种艺术的特点和规律;只有把它们综合起来,从内容与形式相统一的表现方式的整体上去考察,才能得到比较完善的判断。

上述是艺术样式形成的根据,由于这种根据,才规定了各种艺术的整体的特性和特殊的规律。研究艺术种类问题,其目的是从各门艺术的区别和联系中,认识其特殊规律和一般规律。每一门艺术都遵循艺术的一般规律,但又有各自的独特的规律;艺术的一般规律,正是通过各艺术部门的特殊规律表现出来的。只看到矛盾的特殊性,而看不到各艺术种类的普遍联系,就会迷失于纷繁的现象中;只看到矛盾的普遍性,而看不到各艺术种类的特殊性,就会使理解停留在抽象的概念上,不能深入把握各门艺术的内部规律与特长和局限性,从而也不能更深刻地理解它们之间的联系。

现存各艺术种类,都经过比较长时期的历史发展,逐渐形成了自己的相对独立的艺术特征,这种特征制约着自身的艺术内容和形式。直接诉诸人的视觉的造型艺术与直接诉诸人的想象的语言艺术,就各自有自己的特殊要求,不能任意混淆。例如,散文诗和雕塑可以在思想感情、精神面貌等方面大体上是一致的,但通过特殊样式所表现出来的特殊内容,它给人的具体审美感受又是不同的。前者利用语言艺术的特点,以寓意、象征的手法发抒出精神情感；后者虽然也运用象征手法表现思想感情，但它是以具体的、典型的形体塑造形象，给人以直观、视觉的强烈感受。由于艺术种类的差异而引起的欣赏者感受的差异，它们用不同的方式按照不同的艺术媒介的特殊作用引起读者和观众对生活现象不尽相同的具体感受，从而满足人的精神情感需求。

就历史发展看，建筑、音乐、舞蹈、雕塑、绘画、语言艺术（文学）、戏剧、影视等种类，在不同的时代都具有不同的地位和作用。在发展过程中，虽然它们彼此互相影响，互相制约，却并不因为出现了新的艺术品种，就必定要代替旧的或把旧的取消。电影的出现，并没有因为它的情节的重要性而取消戏剧和小说；摄影的出现，也没有因为它的造型性的重要性而代替了绘画。虽然电影也需要演员的表演，但观众面对在银幕上的演员和面对在舞台上的真人的表演，就各有不同的感受，对它们也有不同的要求。前者的表演更带朴素的特征，后者容许一定意义的程式化。电影与戏剧同样需要故事情节和对话，但在戏剧中，对情节的要求就比较集中凝炼，戏剧要求高度集中地反映生活的冲突；而电影就不像戏剧那样受时间、地点、条件的限制，其艺术形象比戏剧更接近生活的原始形态，故事情节的范围就可以更加广阔，因而电影观众要求它较之戏剧所反映的生活有更为独特的面貌。

肯定各艺术部门的相对独立性和艺术种类的多样性，这并不否认各种艺术之间的内在联系和一致性。历史上许多理论家从时间、空间，听觉、视觉，动、静，以及内容、形式等各个方面，对艺术进行的分类研究，实际上就是认识和发现某些艺术的内在的深刻联系和彼此相通的共同规律。例如，中外许多美学家都曾指出，雕塑是静止的舞蹈，舞蹈是活动的雕塑；音乐是流动的建筑，建筑是凝固的音乐；等等。这些意见从内容和形式的共性方面，指出某些艺术部门之间的密切联系。只要不是因为强调它们之间的联系而忽视了它们之间的差别，这些意见对艺术家的成长都是具有积极意义的。人们的审美需要不仅具有不同的特点，而且具有共同的心理活动的规律。人的各种活动和能力有相互联系，直接诉诸视觉的绘画并不止于视觉的作用，直接诉诸听觉的音乐也不止于听觉的作用。而且，视觉活动的规律和听觉活动的规律有许多共同之处。譬如，舞蹈的视觉形象，与音乐的听觉形象之间的内在联系是极为明显的；而静止的建筑艺术与节奏感显著的音乐之间的共通点，也说明了事物运动的深刻的内在的规律性。同是诉诸视觉的雕塑和绘画，都要遵守视觉的形式美的规律。虽然建筑和雕塑在性质上大有区别，却都同样要求其造型的形体的外廓具备肯定、明晰、单纯的形式感。诗的朗诵，虽然不同于歌唱，却也要遵循着一定的音乐的听觉要求。中国绘画在服从视觉形象真实感的条件下，发挥了各种用笔的技巧，使中国绘画在线条以至墨色的运用上，与音乐、舞蹈的节奏有着深刻的联系。而中国的戏曲综合利用各艺术种类（戏剧文学、音乐、舞蹈、绘画等）的特长，融合成一个整体。这些不同的因素虽然互相制约，却产生了特殊的表现力，给人以丰富的艺术享受。

正确地认识艺术种类的多样性与统一性，从理论上阐明各门艺术的特长和局限以及它们之间的相互影响、相互渗透,显然有助于艺术家更自觉地掌握艺术创作的规律,也有助于提高欣赏者的审美能力。

三、各类艺术的审美特征

每一种艺术,都有它自己专门的理论体系。在这里,只能从它们作为艺术美的不同表现形态的角度,概括地谈一谈它们的审美特性。

1. 建筑艺术

在人类发展史上,建筑是人类将自然界改造得符合需要而作出的一项重大创造。然而建筑成为审美的对象,却是一个历史的产物,有它那从实用到审美的发展过程。这一过程是建立在生产发展和整个社会生活发展的基础之上的。最初的建筑,仅仅是基于实用的目的而营造的,是遮风避雨、防寒御兽的简陋住所。只是随着物质技术的发展和社会生活的进步,建筑才越来越具有审美的性质,直至发展成为以引起权势象征为重要目的的宫殿建筑、以供观赏为重要目的的园林建筑。但从总体来说,建筑仍然是一种实用与审美相结合的艺术。这是它与别的艺术相区别的一个重要特点。

建筑的审美特点,主要是在其特殊的物质材料和技术的基础上建立的形体构造所体现的造型的美。这种建筑美,不是直接地模仿和再现自然或人自身,而是偏重于概括性地反映一定时代、一定社会的精神面貌、情趣、理想的形式美。因此,建筑的美尽管带有一定的"抽象"性,但是完全可以从其内容与形式相统一的风格上,看出其时代性和民族性的特征。

受固定的不可移动的地点的限制,是建筑的一个特性,因而如何处理好建筑物与周围环境的关系,是构成它那审美属性的重要条件。建筑的艺术性要求使建筑物与周围的环境互相配合、协调一致、融为一体。这就使得南方的庭园以优美见长,而宫廷的建筑则宏壮华丽,横跨长江的大桥英姿雄伟,溪涧间的小桥显得玲珑可爱。建筑艺术的审美特性,特别受其所使用的物质手段的制约。现代科学技术的进步引起了建筑材料、设计、施工方面的重大革新:预制构件、薄壳结构、玻璃钢、塑料制品等新建筑材料和技术的运用。只要不违反民族传统,新条件就可能使现代建筑日新月异,富于表现力,呈现出绚丽多彩的风格。

2. 绘画

绘画是一门运用色彩、线条和形体,在二维空间的范围内,反映现实美、表达人的审美感受的艺术。把握绘画艺术的特点,需要将其特殊的造型性,通过视觉感受以及所使用的特殊物质手段统一起来考虑。

存在于二维空间的绘画形象,虽然远比其他种类的艺术(例如美术工艺的纹饰)更为具体确定,更带视觉的精确性,但它采用物质材料作为媒介手段,因此它所能表达的内容和表现的方式,都有某些区别于其他种类艺术(例如小说)的特殊性。关于人物性格的刻画,必须通过神情、动作等可视的因素表现出来，否则就不能成为视觉的对象。为了使绘画形象摆脱客观事物单纯的外形摹仿而不至流于自然主义，中国古代画论中曾提出了“以形写神”的现实主义基本原则。这种强调神似、辩证地对待形与神的关系的原则，首先是针对绘画艺术再现生活的特殊性而提出的。在一切文学样式或戏剧样式中，独白的因素以及用语言（描述或人物对话等）对性格的刻画，在造型艺术里都丧失了它们在其他艺术样式中的意义。由于绘画用固定不变的物质材料反映现实，文学样式或戏剧样式所直接描绘的时间过程在绘画里受到很大的局限。为了使固定不变的绘画形象能够反映某些可能反映的时间过程，引起欣赏者关于事件前因后果的联想，绘画和其他造型艺术的特性成为艺术家、美学家所重视的问题。莱辛在《拉奥孔》里，曾经提出了造型艺术家要善于选择能够反映事件前后联系的某一瞬间，从而使固定不变的艺术形象在欣赏者头脑里引起对事件过程的想象。画家概括生活现象的方法，常常与他能否通过刻画生活中某一可视的瞬间来概括在这以前和以后性格的发展和事件的过程有密切的关系。

物质材料在绘画等造型艺术里，较之于他种艺术（特别是文学样式）有特殊的作用。马克思曾经指出：“颜色和大理石的物质特性不是在绘画和雕刻的领域之外。”物质材料对于造型艺术的实际意义，不仅表现在一般物质体现的工具作用（例如文学作品也需要纸张），而且物质材料在对造型形象起媒介作用的同时，材料本身固有的特性也直接构成形象的感性形式，成为直观因素的一个组成部分。例如，雕塑中青铜、大理石、花岗岩、黄杨木等不同的物质特性，有助于塑造不同性格的人物所具有的象征意义的表现。对于文学样式来说，物质材料（例如纸张）除了一般的工具作用之外，这种意义并不重要。一切造型艺术，特别是其中的建筑艺术、工艺美术，由于造型形象的创造本身就是由某种物质特性所构成的，物质材料本身的美是构成作品审美价值的重要条件。因此，如果说文学作品可以写（或印刷）在任何纸上而其艺术形象的价值不变，那么对于造型艺术来说，由于它的形象塑造是与每一根线条每一点色块的具体运用相联系，艺术创造是与物质材料的直接加工联系在一起的，所以任何复制品都不能在艺术形象的意义上完全代替原作。物质材料在造型艺术中的这种特殊作用，也决定了造型形象在物质材料上的破坏即是艺术作品本身的消亡，而不易像文学样式那样可以由印刷品的代替和复制而世代相传。曹子建的《洛神赋》可以经过重新印刷，其艺术形象的价值不至因而有所改变，而顾恺之早已消亡的《洛神赋》，即便是宋代的摹本，也远不能代替原作。

3. 雕塑

雕塑的特点，是以物质实体性的形体，塑造可视而且可触的艺术形象，借以反映现实生活和表现艺术家的审美感受和审美理想。雕塑的三维空间的实体性是其他一切种类艺术（包括二维空间的绘画）所难以企及的特殊属性。这种属性使雕塑形象不仅使人直接了解形象处于空间中的具体性，而且使欣赏者从不同角度和距离接近雕塑形象的时候，常能出现这样的情况：由于观赏者视角和距离的转换，同一对象的精神面貌会出现某种“多面的”复杂的变化—— 从不同角度和距离观赏某一侧面，可能获得不尽相同以至对立的感受，达到单纯与丰富的对立统一。

雕塑难于作复杂的描绘，而要求形象的单纯性。就一定意义来说，单纯就是美。单纯既是雕塑的一种局限性，又是它的特长。为此，雕塑家就要对现实生活进行更集中、更概括的反映。单纯不是单调化，单纯并不与丰富、完整相矛盾。就一个雕塑所摄取的某一形体动作来说，它舍弃了其现实原型中的大量的东西。形象比起现实生活来，它既不“全面”，又不“丰富”，但就其表现力来说，它却可以“以一当十”，使欣赏者从点到面，形象地感受和理解其丰富的内容。雕塑家罗丹的《思》，在一块粗糙的石头底座上雕出一个陷于沉思的少女头像。在这个非常单纯的结构里，隐喻着思想与物质、理想与现实的矛盾关系，然而这一切，不是形象自身直接描绘出来的，而是它给观众留下发人想象和思索余地的广阔天地所造成的结果。由于取材方面的局限性，雕塑和绘画同样追求“神似”。惟其“神”，才能使单纯性与典型性相统一，使得作品耐人寻味，也才能使单纯性不至于走向一般化、类型化。雕塑形象的单纯性，其表现与电影中的特写镜头接近，有利于突出表现特定人物的精神面貌或风采的某些侧面，因而人们常常选用雕塑作为歌颂可纪念的人物的一种艺术手段。但是却不能把单纯与丰富对立起来。《维纳斯》雕像上那许多细微的起伏变化，引起雕塑家把某些局部当成山谷来观赏，可见单纯与单调不是一回事。历史地发展起来的雕塑艺术，其取材范围也有广阔性。不能说雕塑只是歌颂英雄人物的艺术。雕塑与建筑组合，表现其内容极其广泛的特点之一，是植物的装饰纹样的浮雕或透雕。以中国的民间泥塑或木雕艺术为例，从人物到鸟兽鱼虫，都是它的反映对象；而就它们的艺术魅力而论，则各有千秋。憨态可掬的小老虎、活泼可爱的幼鹿，内容的深度固然和纪念性的人物塑像大有差距，但在满足人们多方面的审美需要来说，前者也不是后者所可取代的。

雕塑由于它所使用物质材料的特点，使得与触觉相联系的质感和量感，具有了审美的意义。然而，触觉与视觉这两种感觉功能对雕塑美的反映，前者常常从属于后者。甚至可以说，前者不过是构成后者的一种心理因素——联想。“抚摸这座像的时候，几乎会觉得是温暖的。”罗丹的这句话，着眼于《维纳斯》的触觉感受。但还不等于说，雕塑的美感主要通过触觉。“你做叶子的时候，要使它的尖端向你直射过来，这样，观众便有立体的深度感觉。”“千万不要看形的宽广，而是要看形的深度……，千万不要把表面只看作体积的最外露的面，而要看作向你突出的或大或小的尖端，这样做就会获得塑造的科学。”这些罗丹的老师对他的教导，局部地体现了雕塑艺术区别于其他艺术在造型方面的重要特征，也就是雕塑艺术的审美特性的具体标志。

4. 音乐

音乐以在时间上流动的音响为物质手段，表现人的审美感受，从而形成一定的“音乐形象”。

音乐是审美意识的一种特殊表现形态。现实美作为音乐的反映对象，它不是直接被再现，而是一种通过人的主观感受上的折光，间接地得到表现的。因此，所谓“音乐形象”，和绘画、雕塑中的视觉可见的形象不同，它不具有客观对象的一定形状、色彩等特征的确定性。音乐利用特定音响的变化与特定情感起伏的复杂对应关系，间接和曲折地反映社会生活的复杂斗争与人的思想情感变化的关系；通过调动欣赏者的审美感受能力，运用联想和想象而在内心唤起一定的情感意象。音响的流动性和时间性，使得音乐在反映生活的复杂变化、发展过程和审美感受的丰富性方面，比造型艺术有其优越之处——更不受反映对象的具体性的拘束。

音乐的主要内容，是作为对现实生活的主观感受的思想情感。但是，并不是任何自然的情感流露，都可以成为音乐作品的内容。情感成为音乐的内容，必须不是纯粹个人的、偶然的，而是带有社会普遍性的、可引起共鸣的；同时又必须与一定的音响变化相适应，符合乐声的规律性。

音乐利用自然的音响作为物质手段，但它既不是自然音响的简单摹拟，也不同于语言的自然物质外壳。在音乐中，音响是具有不同内容、色调的情感的体现物，它不是杂乱的无意义的声音；某些音乐作品中对一定自然音响的摹拟，也必须与特殊的主观感受相结合才能具有音乐的意义。音乐的音响与语言的声音固然有同一的客观根源，但作为人的思想的物质外壳的声音，其内容与表达手段之间的联系带有偶然性——同一个思想内容可以用极其不同的语言去表达。因此，民族语言不一致，便难于传达思想。如果以语言为构成因素的歌唱，过分强调语言而忽视音乐，譬如说，单靠语言来言情甚至说理，那么，这样的歌唱也像违背雕塑造型的特殊功能，强制它作口号宣传一样，不能不丧失音乐的审美价值，也不能证明作者有非表达不可的真挚感情。音乐的音响与以音响为物质手段的语言不同，特定的音响与特定的情感内容具有某种必然的不可割裂的联系。它的这种内容与表达手段关系上的确定性，使得音乐具有普遍可传达性；民族语言不相通的人，也可以通过音乐发生共鸣。

音乐的物质传达手段是音响，这种音响有旋律等特殊性。它必须按照一定的规律组合和运动，才能构成“音乐语言”“情动于中，故形于声；声成文，谓之音”。“成文”，就是指声音构成了“音乐语言”，音乐语言的主要因素是音量、音色、拍子、节奏、和声、旋律等。音乐家基于特定的创作冲动，相应地运用这些因素的配合以造成富有感染力的音乐形象。音乐一般可以分为声乐和器乐两种基本形式。声乐用人的声音结合语词作为表现手段，成为歌唱艺术。歌唱与诗有着不可分割的联系，它把语言的意义与音乐的抒情因素结合了起来，因而声乐的歌词往往就是诗,它比器乐具有较为确定的认识内容。中国声乐在把语言的自然声韵与音乐的曲调高度结合上,达到了相当高的艺术水平。器乐,一般有弦乐、管乐和打击乐之别。器乐由于物质的发声材料的多样性,音量和音质等方面的特点,在表现情感的复杂、深邃、强烈方面,比声乐有更大的可能性。而近现代工业的发展,更加扩大了器乐的表现能力。但是,无论器乐或声乐本身,都有各自的特长和局限性,因而既不能像叔本华等人那样,抬高器乐而贬低声乐,也不能轻易肯定中国旧乐论中所强调的"丝不如竹,竹不如肉"的论断。

无论声乐和器乐,由于它们的艺术媒介和直接表现内心情感的特点,具有强烈的时代性,带有突出的民族色彩。各民族由于长期社会生活和艺术实践的发展,形成了一系列的音乐语言;在特定的音乐语言中,渗透了该民族长期的审美经验所形成的习惯与好尚。

5. 舞蹈

舞蹈艺术有着鲜明的民族特色,深刻地受特定民族的特殊风尚和特殊审美趣味的制约。与音乐有密切联系的舞蹈,以人自身的形体动作为物质手段,通过形体的有韵律的活动,抒发人的内心情感。尽管它也以反映现实生活见长,但区别于戏剧表演对动作的模仿性。

舞蹈艺术也带综合性,它的形体与音乐或雕塑有某些共同特点,而又不能归属于其中任何一种艺术。它作为一种特殊的艺术种类而自成一体,有其自己的特长和局限性。例如,舞蹈与雕塑都直接诉诸视觉,存在(或活动)于三维空间中,舞蹈动作在短暂停顿时(例如"亮相")具有雕塑的意义是很明显的事实。但是舞蹈以其不可分割的连续出现的许多动作,出现于流动不息的时间过程,一方面它那存在于一定空间之中的造型性,不能代替雕塑那种形体上的高度凝练集中的概括境界(例如动作的虚拟性所造成的动态的逼真性);另一方面舞蹈这种以动示动的艺术,较之雕塑却更便于表现人的情感及其起伏变化的具体过程,可能较迅速地引起欣赏者的情感激动。

舞蹈与音乐既有显著的区别,又有特别密切的联系。音乐直接诉诸听觉,而舞蹈则直接诉诸视觉。以音响为传达手段的音乐,没有视觉形象的限制,可以着重表现复杂而强烈的内心情感;而舞蹈则由于运用动的形象视觉性特征,较之音乐更便于掌握和表现情感的外在形态。音乐与舞蹈,二者互有短长,又可以互相补充。在一定意义上可以说,没有伴奏的舞蹈,其本身就是一种无声的音乐,因为舞蹈动作本身就具有音乐的节奏以至旋律性。所以,在舞蹈创作上,必须充分注意造型方面的音乐性在舞蹈形象塑造中的重要作用。

6. 语言艺术

语言艺术(文学)以语言或它的书面符号——文字为物质手段,构成一种表象和想象的形象,从而反映现实生活,表现艺术家的审美感受。

语言艺术的物质手段,与日常语言,特别是理论语言有所不同,它是经过艺术加工的,更凝练、也更富于形象性的语言。语言作为人类意识的体现物,既具有词义性(作为概念的符号），又具有指物性（作为表象的符号），还以其语音方面（语气、语调、声音节奏）的变化直接表现人的情感。这最后一点，与音乐中的音响有类似之处。理论语言偏重词义或语音的概念内涵；日常语言比较芜杂、粗糙；只有文学语言，它经过了艺术的加工，精炼而生动，突出的长处是它的表现性和形象性。

语言艺术与诉诸视觉和听觉的艺术不同，它以直接唤起表象和想象的方式作用于欣赏者的再创造。相对地说，它的物质材料首先作为意义和表象的符号起作用，但也不像一般的理论语言那样，强调语义而不大强调语音、语调等方面的审美价值。

就语言艺术不受视觉形象和听觉形象所特有的限制来说，它的表现方式更为自由，它反映的范围更为广阔深邃；从可能性上看，甚至可以说它是一种最自由、最带普遍性的艺术种类。文学运用形象的语言，通过描写、叙述、比喻、暗示、象征等等手法，可以在人的头脑中引起某种视觉形象和听觉形象。这种形象虽然在其清晰性和确定性方面比不上造型艺术和音乐，但它在表现生活和人的思想情感的复杂性及其发展过程等方面，却为这些艺术种类所不及。

关于语言艺术与造型艺术，特别是诗与画的联系与区别，早就引起了人们的注意。中国古代艺术家常说的“诗中有画”“画中有诗”，确是看到了语言艺术与造型艺术的内在联系。当然，直接诉诸人的想象力因而便于叙事抒情的诗，与直接诉诸视觉而便于状物的画是有区别的。语言艺术中的诗，与音乐艺术有着特别密切的联系。在古代，诗、歌、舞的统一，说明了语言艺术与歌唱艺术之间存在着共同点。歌唱艺术是语言的自然声韵与音乐曲调相结合的产物。最初的诗都是以歌唱的形式流传的。那时候，语言的思想内容与感性声调的音乐形式在创作和欣赏中占有同等重要的地位。文字的出现，促进了诗与乐的逐渐分化，由唱的诗变成了阅读或朗诵的诗。从某种意义说，抒情诗是更接近音乐的，所以它对语言声韵的要求也更加严格。与抒情诗不同，叙事诗则更偏重于具体再现现实社会生活的真实图景，带有更加明显的认识作用。在叙事诗中，出现了在文学中重要的而为抒情诗所没有的因素——故事情节。叙事诗的进一步发展，摆脱了韵文的形式，产生了以散文描述为主的小说。在近现代语言艺术中，小说是一种影响最大的文学体裁。作为评书演出的话本这种书面的语言艺术，在一定意义上说，它是通过听觉的欣赏对象。不论是小说还是话本，都发挥了语言艺术便于描绘广阔的现实生活画面，便于刻画人物的性格和内心活动的特点。语言艺术的一个特殊品种是戏剧文学。戏剧文学在戏剧中有相对的独立性，如《西厢记》《牡丹亭》等，读者可以不通过演出，而通过剧本阅读可以从中享受到文学的美。但是，戏剧文学在本质上毕竟是戏剧艺术的一个组成部分，所以又必须结合演出来衡量它那审美价值的高低。

7. 戏剧

综合艺术是戏剧的重要特征。戏剧艺术本身具备着语言、美术和舞蹈等各种艺术样式的因素。中国戏曲则还包括音乐、舞蹈等艺术种类的特点和因素。由于各种艺术的综合性质，戏剧艺术要遵循极为复杂的、互相制约的许多艺术部门的特征，它本身具备着多方面的审美价值。例如，话剧人物活动于固定空间的布景组成的舞台上，可以使观众觉得是在观赏动的画面；而中国戏曲则是以表演自身构成虚拟的背景见长，人物形象更接近雕塑。亮相在三面可以观看的舞台上，更具有雕塑的意义。演员的独白虽然不等于诗朗诵，但就一定意义来说，与富于表现力的诗朗诵可能异曲同工。戏剧艺术的综合性，不是许多艺术部门的简单拼凑，而是使它们有机地结合起来，从属于戏剧性，从而产生一种新的质，使戏剧成为了一门独立的艺术。

从反映对象来说，构成戏剧内容的基本特征是行动中的人物的冲突。因而近代以来，许多戏剧家和哲学家都认为，戏剧的本质特征在于直接、集中地反映社会的矛盾冲突；没有冲突就没有戏剧。由于戏剧艺术在再现现实的尖锐斗争时，其形象具有高度的集中性和完整性，即使出现了在某些方面的因素优于戏剧的电影之后，它在艺术上仍然不丧失其对观众的强烈的吸引力，以及在思想上所能产生的作用。从反映形式来看，戏剧艺术当然要利用其他艺术部门的某些艺术媒介，但戏剧本身也有自己特殊的艺术媒介。例如，动作和对话在话剧艺术中居于支配的地位，而其他艺术媒介如绘画所用的色彩、线条等都从属于前者，为行动中的、有思想的、特定的人物性格和冲突的再现服务。

作为统一整体的戏剧艺术，一般地可以分成两个相互制约、相互区别的基本部分，即戏剧文学和舞台艺术。剧本文学的特点在于，通过角色本身的言行集中地反映社会生活中的矛盾冲突，而不在于一般的客观描述和脱离角色行动的主观抒情。亚里士多德在《诗学》中提出，在戏剧的六个因素中，情节是最主要的。舞台艺术包括表演、舞台美术、灯光效果等一系列复杂的因素。其中，表演艺术是整个舞台艺术的中心。在戏剧发展的初期，剧作家与演员往往是不分开的，即兴的演出往往形成剧本的不确定性，剧本与演员的关系是直接的。随着戏剧艺术的进一步发展，表演艺术也得到丰富和发展。但是无论形式怎样变化，对生活的情感的体验与冷静的观察，是任何艺术创作不可分割的两个有机部分，演员的体验与表现，在戏剧演出这种再创造活动中，是互相依赖、不可分割的两个方面。

戏剧艺术还可以与音乐、舞蹈结合起来，成为歌剧和舞剧或歌舞剧。在歌剧或舞剧中，情节的因素比较简单，以便于更充分地发挥歌唱或舞蹈艺术的特长。在整个戏剧艺术中，中国戏曲占有特殊地位，它是把戏剧的内容与歌舞的形式高度结合起来的一种特殊的戏剧艺术种类。戏剧情节、歌唱和舞蹈这三者的复杂结合，使中国戏曲具有独特的风格和一系列艺术上的特点，用戏曲的惯用语来说，这叫“唱、念、做、打”。话剧是一种在近代才普遍兴起的戏剧形式。它从诗剧发展而来，既没有舞蹈动作程式的限制，也摆脱了诗体韵律的束缚，而以散文对话和以生活动作作为直接基础的戏剧动作，集中反映现实生活中比较尖锐的矛盾冲突，富有浓厚的近似对象原型的生活气息。在某种意义上说，话剧更要求重视艺术语言的锤炼。它在讲究戏剧的情节结构、表演技巧的同时，要求语言自身的表现力，例如强调潜台词。

8. 影视

电影和电视艺术是利用现代摄影技术手段，以戏剧和绘画艺术为基础，综合和吸取了各门艺术的一些表现方式和方法而发展起来的一种艺术种类。

影视艺术的主要特点，是强调接近于绘画的造型因素的表现力。电影发展的初期，是无声的黑白默片，后来才出现有声片和彩色片。包括所谓主观镜头在内，影片以诉诸视觉的形体和明暗、远近、色彩，并以其特有的动的画面的组合（蒙太奇），能动地和逼真地再现生活的图景。但是，影视终究不是一般的视觉艺术。虽然影视必须遵守视觉艺术的一般规律，但它既要服从情节发展的逻辑，又要服从艺术家的认识的逻辑，这种两重性的要求，规定着那些有机地连续在一起的画面的联系。因而影视的画面不仅具有平面的绘画和立体的雕塑的表现力，不仅需要依靠角色的对话和动作以及音乐的配合，而且它那一系列互相连续的画面，在观众的感受上起着互相作用的特点。影视与戏剧不但有历史渊源上的关系，而且故事片本身也具有以戏剧性打动人的特质。然而，影视毕竟不是戏剧。由于影视可以通过拍摄和剪接等技巧加以处理，从而形成了影视独特和巨大的表现能力。

作为审美对象的影视艺术，蒙太奇是其特有的一种重要的表现手段。蒙太奇以人们的联想和理解能力为依据，运用画面的分切与组合，能动地揭示对象的内在联系和意义。两个（或两个以上）画面分别单独地看来是一回事；而将它们按照一定的形式连续起来，就可以产生一种不同于它们单独存在时的涵义，也就是产生一种独特的而且是新的质。蒙太奇可以通过画面的对比、比喻等手法，极其简练、形象而又深刻地揭示事物的本质，含蓄而又鲜明地表现艺术家对生活的态度和评价。影视运用蒙太奇的手段，把与主题密切联系的细节、场景有机地穿插、结合在一起，使影视在感染力方面具有独特的深度和强度。特写镜头则能把观众的注意力集中到人物细致的面部表情或富于特征性的动作上来，充分利用和调动欣赏者形象感受中的理解力，使画面造型具有深刻的心理学的效果和强烈的艺术感染力。

总之，对于一个影视艺术家来说，既需要有画家的直观能力、诗人的想象力、戏剧家的构思能力，更需要的是如何掌握影视艺术自身所特有的规律和技巧的美学素养。

思考题

1. 社会美具体表现在哪些方面？

2. 怎样理解自然美的意蕴？

3. 艺术分类的美学依据是什么？按照美学依据艺术可以划分为哪些具体类型？

第三章　美的范畴

美学作为一门具有自身体系的学科，主要研究人类的审美活动，研究审美主客体之间的复杂关系，研究美的创造和审美鉴赏的规律。在人类审美活动这一特殊领域里，人们将感性的审美经验升华到理性思维的高度，将美的形态区分为现实美（包括自然美、社会美）与艺术美，将审美类型划分为优美、崇高、悲剧性、喜剧性等。如果说前者（美的形态）更加偏重于客体的存在，那么后者（审美类型）则更加偏重于主体的感受。本章主要对优美、崇高、悲剧性、喜剧性等审美类型逐一进行介绍。

第一节　优　美

一、什么是优美

优美，又称秀美，它是美的最一般的形态。狭义的美，指的就是优美。中国美学史上，将其称为“阴柔之美”，这是一种优雅之美、柔媚之美。从审美属性上看，优美主要具有绮丽、典雅、含蓄、秀丽、纤柔、婉约等特色。

自然美之中，有许多可以划归优美类型。例如，阳光普照下碧蓝如画的湖水，风和日丽中一望无际的田野，景色秀丽的九寨沟，碧波荡漾的杭州西湖等，都可以称为优美。甚至巍峨高大的峨眉山，也可以归为优美，因为“峨眉天下秀”：一方面峨眉山具有特殊的地形地貌，“两山相峙如峨眉”，大峨山与二峨山犹如女人的娥眉一样；另一方面峨眉山的植被特别丰富，雨水充足，土地肥沃，从山脚到山顶分布着上千种植物，使得全山仿佛都披上了一件绿装，特别秀丽。

社会美之中，也有许多可以划归优美类型。例如，环境美中追求淡雅的色彩和典雅的装饰，劳动产品美中追求色泽如玉、雅致素洁的景德镇青瓷，人的美中青年妇女典雅端庄的服饰和婀娜多姿的身体等，都可以称为优美。优美体现在人的外在美和内在美两方面，其中既包括人的优美姿态、服饰、装扮、风度等，更包括人的内在气质、修养、品德、情操等。正如英国哲学家培根所说：“相貌的美高于色泽的美，而秀雅合适的动作的美又高于相貌的美。这是美的精华,是绘画所表现不出来的,对生命的第一眼印象也是如此。”

艺术美之中,更是有许多可以划归优美类型。例如,大家都十分熟悉的古希腊雕塑作品《米洛的维纳斯》,以其优美的身材与美丽的面容著称于世,以至于德国18世纪美学家文克尔曼认为:“无论是就姿势还是就表情来说,希腊艺术杰作的一般优点在于高贵的单纯和静穆的伟大。”(朱光潜《西方美学史》)又如达·芬奇的名画《蒙娜丽莎》,更是千百年来人们为之倾倒的作品,尤其画中蒙娜丽莎“神秘的微笑”,更是令观众赞叹而又迷惘。音乐作品中的《莫斯科郊外的晚上》,舞蹈作品中杨丽萍的《孔雀舞》等,都堪称优美类型的佳作。

现实生活中,优美的事物让人赏心悦目,惹人喜爱。优美的事物常常由于娇小、精巧,让人感到亲切可爱。例如嬉戏膝下的小猫小狗,人们往往会伸手去抚摸;幼儿园里天真活泼的儿童嬉戏,常常引来许多人驻足观看。生活中各个年龄层次的女性,都不乏文静娇媚、温柔典雅的气质。著名文学家朱自清曾写过一篇题目为《女人》的散文。在文章中,女性被描绘成似蜜一样甜、烟一样轻、微风一样温和,确实成了优美的化身。优美更是一种静态的美、宁静的美,犹如“采菊东篱下,悠然见南山”(陶渊明)那种田园牧歌式的美,又如“春眠不觉晓,处处闻啼鸟”那种恬淡舒适的情感氛围。

艺术领域中,不少作品更是以优美见长。例如宋词一般分为婉约派与豪放派两大派别。前者以柳永、李清照为代表,后者以苏轼、辛弃疾为代表。前者追求小桥流水、含蓄深情的风格,后者追求大江东去、气势磅礴的风格,形成了阴柔之美与阳刚之美两种截然不同的美学追求。东晋书法家王羲之的《兰亭集序》,既是一篇优美的散文,又是一篇堪称传世之作的优美的书法作品。在这篇被称为“天下第一行书”的作品里,王羲之以抒情的笔调描绘了清新优美的环境,沉浸在大自然中恬淡舒适的心境;以含蓄蕴藉、优美流畅的笔势,展现出鲜明的自然天性和人格风采,将艺术家自己优美的人格风韵与书法艺术的优美风韵有机融会在一起,形成这篇作品特有的艺术风格。甚至同一位艺术家,也会有优美与壮美两种不同形态的美学追求。例如18世纪著名音乐家贝多芬,虽以《英雄交响曲》《命运交响曲》等追求壮美的作品著称,但他也有追求优美的音乐作品如《田园交响曲》。在这部作品中,贝多芬尽情描绘了优美的自然风光和宁静的田园生活,表现出浓郁的乡间气息和在大自然的怀抱中对万物的生命奥秘的凝神思索。

现实生活中优美的环境和事物,使人们的生活充满乐趣,使人们保持生理上和心理上的平衡,让人心情舒畅、气氛和谐。正因如此,俄国民主主义革命者车尔尼雪夫斯基提出了“美是生活”这个著名的论断,认为“美包含着一种可爱的、为我们的心情所宝贵的东西”。艺术领域中,优美的作品更能够给人以美的熏陶,使人们风度优雅、情调高尚,培养全面和谐发展的人格。别林斯基在评价普希金的诗歌时曾经讲到,“普希金每首诗的基本情感本身就是优美的、雅致的,娴熟的”,就这一点说,阅读他的作品是培养人性的最好的方法,特别有益于青年男女。在教育青年人、培养青年人的感情方面,没有一个俄国诗人能够比得过普希金。的确如此,文艺作品优美的风格与优美的内容,可以陶冶人的情操,美化人的心灵,使人的精神境界得到升华，成为一个具有高尚情操、和谐发展的人。

二、优美的本质特征

在审美类型中，优美通常是指一种单纯的美、常态的美。从根本上讲，优美的本质就在于审美主体与审美客体之间的和谐统一。

优美的核心在于“和”。西方美学史上，古希腊的毕达哥拉斯学派就提出了“美是和谐与比例”的观点，对后世产生了很大的影响。而古希腊的赫拉克利特更是明确提出了“美在于和谐，和谐在于对立的统一”的论断，体现出西方文化最初对于美的认识。中国美学史上，“和”更是一个重要的范畴，贯串始终。“和”通常又被称为“中和”，被当作中国古典美的最高理想。早在先秦时期，《国语·周语》就记载：“夫政象乐，乐从和，和从平，声以和乐。”实际上就是强调音乐之美在于“和”，各种声音在乐曲中和谐统一就是美的音乐，而为政之道就要像音乐一样，使人民和平相处。中国传统美学与传统艺术强调“中和之美”，实际上，“和”与“中”这两个概念，既有联系又有区别。“和”是指事物的多样统一或对立统一，“中”则是实现这种统一的方法与标准，而“中和”也就达到了美的境界。正因如此，孔子认为优美的文艺作品必须做到“乐而不淫，哀而不伤”，也就是必须达到“中和之美”的境界。显然，优美的核心集中表现在“和”或者“和谐”上，既有内容的和谐，也有形式的和谐，更表现在内容与形式两者的和谐统一上。

优美的核心之所以是和谐，其实质就在于它体现出主体和客体的和谐统一，体现出内容与形式的和谐统一，也体现出理智与情感的和谐统一。前面讲过，美的本质在于人的本质力量对象化，那么，优美的本质就在于人的本质力量与客体的和谐统一，并且在对象世界中得到感性的显现。

此外，不少著作谈到形式美的问题，实际上许多形式美的法则都属于优美的范畴。所谓形式美，主要是指自然美与艺术美中各种形式因素有规律的组合。优美的事物或者优美的艺术作品，一般都具有优美的形式，包括柔和的曲线、悦耳的声音、淡雅的色彩、稳定的构图等，而且都基本上符合对称与均衡、比例与匀称、节奏与韵律等形式美的法则。例如贝多芬的著名钢琴奏鸣曲《黎明》就是一首充满大自然诗情画意的优美乐曲，在乐曲的形式美方面下了许多功夫。这首乐曲共分 3 个乐章，据说其中的第二乐章原来是一首庞大的行板，尽管贝多芬很喜欢它，但是由于这段冗长的慢乐章破坏了各乐章之间的平衡，为了恢复这首乐曲的对称与均衡、比例与匀称，贝多芬不得不忍痛割爱，另外写了一个短小的序奏作为《黎明》奏鸣曲的第二乐章，以柔美的音符和淡淡的色彩，表现了宁静的大自然曙光微露、万物苏醒的清晨景色，并且把原来的行板题名《可爱的行板》单独出版。可见，贝多芬通过对乐曲的重大修改，实现了对称均衡、比例匀称的形式美追求，从而使这首乐曲达到了优美和谐的境界。正因为如此，这首乐曲受到了世界各国听众的热烈欢迎。钢琴奏鸣曲《黎明》是与交响曲《英雄》几乎同时创作的，但却属于两种完全不同的审美类型与美学风格。这两首杰出的作品，从不同角度深刻地体现了贝多芬对人生、社会和自然的认识。《英雄》交响曲集中体现了贝多芬的英雄观，追求壮美的风格；而《黎明》奏鸣曲则鲜明地反映了贝多芬的自然观，反映出他对大自然的热爱和赞美，追求优美的风格。

优美引起的审美感受是一种单纯的、平静的愉悦感。优美感是各种美感中最单纯的情感，其本质特征就是愉快。这是由于优美具有主客体相统一的特点，体现出内容与形式的和谐、主体与对象的和谐，既有审美对象本身具有的完美和谐，又是审美对象与审美主体之间一种和谐亲近关系的体现，没有夹杂任何使人感到不快的因素，经历的只有从生理上的快感到精神上的愉悦。优美所引起的这种美感，是一种"心旷神怡、宠辱皆忘"的愉悦境界，正如车尔尼雪夫斯基所说："美的事物在人心中所唤起的感觉，是类似我们当着亲爱的人面前时洋溢于我们心中的那种愉悦"。

第二节　崇　高

一、什么是崇高

崇高，又称为壮美，就是一种雄壮的美、刚性的美。中国美学史上，将其称为"阳刚之美"。从审美属性上看，崇高主要具有宏伟、雄浑、壮阔、豪放、劲健、奇特的特色。西方美学史上，对崇高的研究也常常是在与优美的比较中进行的。

自然美之中，有许多可以划归崇高的类型。例如，奔腾咆哮的黄河，浩瀚无际的戈壁，巍峨雄伟的泰山，高耸人云的雪山等，都可以称为崇高的对象或者崇高的现象。这些对象或现象给人的美感不是优美，而是一种力量的美、雄伟的美，是一种震撼人心的"阳刚之美"，也就是崇高之美。德国古典主义美学家康德认为崇高有两种表现形式：一种是数量的崇高（数学的崇高），也就是体积无限大的对象，如海洋、群山、天空等；另一种是力量的崇高（力学的崇高），也就是威力无比巨大的对象，如狂风、雷电、瀑布等。

社会美之中，也有许多可以划归崇高类型。例如，人工修筑的巨大水库，改造沙漠的重大工程，战胜洪水的惊险搏斗，扑灭大火的英雄事迹等。在社会生活中，中外古今许多人物和事迹，一旦被作为审美对象时，也就具有崇高的审美属性。大禹为民治水，岳飞精忠报国，文天祥慷慨就义，林则徐虎门销烟，这些崇高的人物与行为，无不体现出崇高的理想和追求。

艺术美之中，更是有许多可以划归崇高的类型。古希腊的《荷马史诗》是两千多年前的文学巨著，包括长达 15 000 余行的《伊利亚特》和长达 12 000 余行的《奥德赛》，规模宏伟，气势磅礴，堪称世界文学史上的艺术瑰宝，具有极大的美学价值和认识意义，对欧洲文学产生了巨大而深远的影响，在世界文学史上占有不可取代的重要地位。《荷马史诗》作为神话与历史相结合的巨著，记录了特洛伊战争及战后的历史，并且将神话作为历史的补充，在神的人化与人的神话种种故事中，体现出早期人类在巨大的时间与空间面前深感自身的渺小。这部巨著场面雄伟、风格崇高，马克思称它具有永久的魅力。在中国艺术史上，秦汉艺术具有伟大的气魄，秦汉艺术显示出的是一种胸怀之大，力量之大，气魄之大，趣味之大。汉人贾谊在形容秦的抱负时用过一段排比文字，可以很恰当地用来表现秦汉艺术的特点：席卷天下，包举宇内，囊括四海，并吞八荒。秦汉艺术正是以规模宏大、力量巨大而著称。秦汉建筑可谓法天象地，秦代的阿房宫、汉代的未央宫，乃至于秦始皇陵都是规模巨大的建筑；秦汉雕塑堪称气势磅礴，数千个秦代兵马俑组成的庞大阵营，汉代大将霍去病墓前的大型石雕，都显示出数量的大与力量的雄伟；甚至文学上汉代的大赋，也是以总括宇宙、穷尽万物的气势，洋洋洒洒，铺陈排列，体现出恢弘博大的时代氛围。显然，在艺术美中，艺术形象和艺术风格都可以具有崇高的审美属性，具有震撼人心的艺术效果。

如果将“优美”与“崇高”进行比较，不但可以帮助我们认清二者的区别，而且可以帮助我们加深对这两种审美类型的认识。

第一，空间上的小与大。优美的事物一般体积较小、规模较小，如风景秀丽的小丘，清澈见底的小溪，啾啾鸣叫的燕雀，风中摇曳的小花等。而崇高的事物一般体积巨大、气势宏伟，如一望无际的大海，耸入云霄的高山，“飞流直下三千尺”的瀑布，“轻舟已过万重山”的三峡等。优美的建筑园林，如苏州的西园、留园等，小桥流水，曲径通幽，以小取胜，体现出江南小型私家园林的特色；具有崇高美特征的建筑园林，如北京的颐和园、圆明园等，金碧辉煌，气势雄伟，以大见长，体现出北方大型皇家园林的本色。由此，中国园林艺术中形成两种截然不同的审美类型和艺术风格。

第二，时间上的慢与疾。缓慢与疾速，在一定程度上反映出力量的大与小。缓缓流动的小溪并没有多少力量，汹涌澎湃的大河却具有冲决堤坝的伟力。正因为如此，“澄江静如练”是优美，“黄河之水天上来”是崇高。前者是舒缓、平稳、趋于静态的，后者则是疾速、奔腾、趋于动态的。古希腊的两座雕塑很能体现优美与崇高在此方面的区别：《米洛的维纳斯》雕像恬静典雅，宁静安详，体现出一种静态美；《拉奥孔》雕像表现了父子三人被巨蟒紧缠、濒临死亡前那一瞬间的竭力挣扎，以静示动，寓动于静，追求一种动态美。由此可见，优美追求的是静态美，而崇高追求的是动态美。

第三，形式上的柔与刚。优美的事物一般符合对称与均衡、比例与匀称、节奏与韵律等形式美法则，多曲线不露棱角，多圆形不显生硬，颜色鲜明而不强烈，声音柔和而不刺耳。优美的艺术作品往往情感细腻、形式精美。如奥地利著名作曲家约翰·施特劳斯的《蓝色多瑙河》圆舞曲，乐曲一开头就是小提琴轻轻演奏的颤音，使人联想到微波荡漾的多瑙河，黎明前晨曦微露的宁静村庄，充满生命的气息。乐曲洋溢着对春天的多瑙河的无限柔情，是一首享誉世界的优美音乐作品。崇高的事物却常常有意地突破或违背对称、均衡、节奏、比例等形式美法则，各个部分很不协调，显得突兀、怪诞、凶猛，甚至有意包含了一些丑的因素，让人首先压抑、不快、畏惧、痛苦，然后才提升转化为一种独特的审美快感。崇高的艺术作品往往气势磅礴、震撼人心。如前苏联著名作曲家肖斯塔科维奇的《列宁格勒交响曲》，是第二次世界大战时期一部反映反法西斯战争的史诗性作品。这部作品是在列宁格勒保卫战最艰苦的时期完成的，在战火硝烟中举行了首演，并向苏联及全世界广播，同时还用军用飞机将该作品的总谱专程送到美国，供纽约交响乐团演出，在全世界引起了巨大反响。这部乐曲的"法西斯侵略主题"及其 11 个变奏构成了一个庞大的插部，完全打破了传统交响曲的规则，将法西斯军队这个凶恶的战争机器，以呆板单调的音响延续变奏，甚至还加上一点荒诞与滑稽，音量也由极弱增长到雷鸣般的极强，这些做法在传统交响曲中是很少见的。作品以这种方式表现了法西斯匪徒僵死、残酷、野蛮的本性，这部史诗性的音乐作品引起了世界的震惊。

第四，力量上的弱与强。优美的事物不呈现主体和客体激烈的矛盾冲突，主要表现主客体双方的平衡、统一、和谐、安宁，强调力量的平衡和稳定，追求一种阴柔之美。崇高的事物则体现出主体与客体之间的尖锐对立和严重冲突，充满了动荡与斗争，强调力量巨大与气势磅礴，追求一种阳刚之美。元代作家马致远的《天净沙·秋思》写道："枯藤老树昏鸦，小桥流水人家，古道西风瘦马。夕阳西下，断肠人在天涯。"全诗总共 28 个字，而且前 3 句全部用名词缀合而成，短小精悍，语言简练，构思巧妙，具有很高的审美价值，堪称阴柔之美的佳作。北宋苏拭的名作《念奴娇·赤壁怀古》，却是以气势磅礴取胜，以"乱石穿空，惊涛拍岸，卷起千堆雪"的气势，描绘出三国鼎立时代豪杰的英雄气概，成为千古流传的名篇。甚至同样一个审美对象，由于不同环境下力量的强弱不同，也会给人们带来优美与崇高两种不同的审美感受。北宋文学家范仲淹的名作《岳阳楼记》就是一个很好的例子。同样一个洞庭湖，当"春和景明，波澜不惊，上下天光，一碧万顷"时，带给人的是优美的感受；而当"阴风怒号，浊浪排空，日星隐耀，山岳潜形"时，带给人的却是敬畏不快的感觉，使人在痛感中激发出奋斗的力量和信心。

二、崇高的本质特征

在审美类型中，崇高的基本特征是突出了主体与客体、人与自然、感性与理性的对立冲突。崇高的本质在于人的本质力量与客体处于尖锐对立与严峻冲突状态。客体企图以巨大的气势和力量压倒主体，主体在严峻冲突中更加激发自身的本质力量与之抗争，最终战胜与征服客体，使人的本质力量得到比在优美事物中更加充分的显现。

崇高的核心在于"冲突"。崇高体现在主客体的矛盾冲突中，经过尖锐激烈的对立，主体战胜客体并且终于从痛感转化为快感。黑格尔说："人格的伟大和刚强只有借矛盾对立的伟大和刚强才能衡量出来。"正是在人类与自然、与社会、与人生的冲突斗争中，以及表现这些冲突斗争的艺术作品中，人类的崇高美得到了展现。主体所受到的挑战越严重，遇到的冲突越激烈，斗争的历程越险恶，就越能激发和显示人类自身的本质力量，也就越能令人感到崇高。

西方美学史上，最早明确提出崇高范畴的是古罗马时代的朗吉弩斯，他在《论崇高》一文中从文学创作角度提出崇高这一范畴。从此以后，"崇高"就与"优美"一道，在西方美学史上处于并列的地位。崇高在西方受到格外的重视，与古希腊、罗马的英雄史诗传统与悲剧传统密切相关，也与西方传统哲学一贯推崇的二元对立思维方式密不可分。

真正从美学上对崇高做出深入研究的，应当是18世纪的英国经验主义哲学家博克。博克认为，从对象形式来看，崇高的特征是巨大；从主体心理来看，崇高是以痛感为基础的。博克还第一次将崇高与优美进行了区分，认为优美的对象形式是小，从主体心理来看，优美完全是以快感为基础的。此外，博克还从人的心理根源上对崇高进行了研究，他认为崇高涉及人的"自我保存"的本能，也就是只有当与危险、痛苦保持恰当的距离，它们不能对人产生伤害时，才能产生崇高感。

德国古典主义美学家康德，从哲学美学的高度对崇高的本质进行了深刻的分析。康德进一步发展了博克的观点，对崇高和优美作了进一步的区分。康德认为，优美与崇高至少有两个区别：其一是优美只涉及对象的形式，而崇高却涉及对象的"无形式"，因为崇高对象的特点在于"无限大"或"无限制"；其二是从主观心理反应来看，美感是单纯的快感，崇高感却是由痛苦转化成的快感。康德把崇高分为两种：一种是数量的崇高，特点在于对象体积的无限大；另一种是力量的崇高，主体在恐惧与崇敬的矛盾心理中，由痛苦转化为快感，激发起人的勇气和自我尊严感。

另一位德国古典主义美学家黑格尔，从他的客观唯心主义的"绝对理念"出发，认为美是理念的感性显现，崇高却是理念压倒形式，它们都以理念为内容，都以感性表现为形式。这样一来，黑格尔既区别了美与崇高的不同，但也抓住了二者之间的内在联系。

"崇高"一词，《辞海》解释为"雄伟、高大"或"高尚、伟大"。中国美学史上，虽然没有"崇高"这个美学范畴，但却有关于崇高的见解。孔子、孟子、庄子都区分了"美"与"大"两个不同的概念。尤其是孟子讲："充实之谓美，充实而有光辉之谓大。"可见，在中国古代，大就是指"崇高"。此外，中国传统美学的"阳刚之美"与"崇高"相似。直到近代，王国维在康德、叔本华美学思想的影响下，才明确地把崇高作为美学范畴和形态提出来。他在《红楼梦评论》中说，美之为物有两种：一曰优美，一曰壮美……普通之美，皆属前种。总之，崇高作为一种独特的审美类型，存在于自然美、社会美、艺术美之中，与优美形成一对既有联系又有区别的美学范畴与审美类型。

第三节　悲剧性

一、什么是悲剧性

作为审美类型的悲剧性，是同喜剧性相对应的，它不同于一般意义上戏剧形式的悲剧，而是具有更加广泛的意义。因此，这里所说的悲剧性不是指戏剧的一种类型，而是指一种重要的审美类型,它渗透到文学艺术的各个门类和领域中。

那么,究竟什么是悲剧性呢?鲁迅先生曾有过著名的论断:“悲剧将人生的有价值的东西毁灭给人看。”这就是讲,在历史发展的一定阶段上,由于客观社会原因或历史或必然冲突,真善美、生命、爱情、信仰、理想等人生的有价值的东西被损害或被毁灭,这个过程或结果使人们陷入剧烈的悲痛,但马上又被正面人物的巨大精神力量所感染,被惊心动魄的感人力量所震撼,因而由痛苦转化为快感,从而获得一种特殊的审美感受,即悲剧性美感。

因此,作为审美类型的悲剧性虽然来自现实生活,但它更是艺术家审美意识的物化形态,是艺术创作的结果。作为审美类型的悲剧性,涉及文学艺术的许多门类和领域。除戏剧艺术中的大量悲剧之外,悲剧性也表现在雕塑(如古希腊著名雕塑《拉奥孔》)、绘画(如法国浪漫主义美术代表人物籍里柯的《梅杜萨之筏》)、音乐(如俄国柴可夫斯基的《悲怆交响曲》和中国的小提琴协奏曲《梁山伯与祝英台》)、小说(如俄国的列夫·托尔斯泰的《安娜·卡列尼娜》与我国清代曹雪芹的《红楼梦》)、诗歌(如德国中世纪的著名史诗《尼伯龙根之歌》与我国唐代诗人白居易的长篇叙事诗《长恨歌》)、电影(如美国电影《魂断蓝桥》与中国的《一江春水向东流》)等方面。可见,作为审美类型的悲剧性涉及中外古今许许多多优秀的文艺作品,涉及文学艺术的许多门类和领域。

当然,悲剧性还是最集中地体现在戏剧领域。悲剧在西方戏剧史上占有十分重要的地位,历来被认为是戏剧之冠。悲剧常常通过正义的毁灭、英雄的牺牲或主人公苦难的命运,显示出人的巨大精神力量和伟大人格,使观众在悲痛和哀伤中,受到震撼与冲击,陶冶情操,净化心灵,获得特殊的悲剧性美感。西方戏剧理论家把悲剧分为命运悲剧、性格悲剧、社会悲剧。世界戏剧史上最早出现的古希腊悲剧大多属于命运悲剧。古希腊三大戏剧家埃斯库罗斯、索福克勒斯和欧里庇得斯都分别创作了许多著名的悲剧。如埃斯库罗斯的《被缚的普罗米修斯》描写了普罗米修斯因为同情人类,盗取天火送给人间后,被宙斯打人阴森的深渊,成为一位为人类经受苦难的殉道者。索福克勒斯的《俄狄浦斯王》,更是通过俄狄浦斯虽然极力挣扎,但最终仍然无法摆脱命运的摆布,不自觉地犯下了“杀父娶母”的罪过,自己刺瞎双目去四处流浪的悲剧性结局,深刻反映出早期人类刚刚迈入文明门槛时期的艰难历程。古希腊的命运悲剧实际上反映了人类社会初期,弱小的人类面对强大的自然界和不可抗拒的命运产生的悲剧性结果。中世纪末出现的性格悲剧反映出长期封建社会中封建伦理制度和宗教统治与反封建力量的矛盾斗争,体现出人文主义理想和黑暗现实的尖锐冲突。如英国莎士比亚的著名悲剧《哈姆雷特》和德国席勒的著名悲剧《阴谋与爱情》,分别表现了欧洲中世纪封建宗教迷信长期压抑下扭曲的人格。《哈姆雷特》剧中主人公哈姆雷特和《阴谋与爱情》剧中主人公露伊丝,都是因为背负着沉重的精神包袱,饱受灵魂与心灵激烈冲突的煎熬而酿成悲剧。到了近现代社会,应运而生的社会悲剧揭露了各种不合理的社会现实与黑暗现象,具有鲜明强烈的批判精神,如法国作家小仲马的名著《茶花女》和 19 世纪挪威著名戏剧家易卜生的《玩偶之家》(又名《娜拉出走》),都是这种类型的代表作品。总之,西方戏剧史上，不管是命运悲剧、性格悲剧、社会悲剧，都反映了人同命运、性格、环境冲突中的挣扎，可以称之为挣扎的悲剧。现当代西方悲剧的创作风格更加多样化，尤其是出现了将悲剧性和喜剧性融会到一起的悲喜剧作品，如瑞士戏剧家迪伦马特的《老妇还乡》(1956年)，就是一部具有荒诞色彩的悲喜剧作品。正如迪伦马特自己所说："情节是滑稽的，而人物形象则相反，常常不仅是非滑稽的，而且是悲剧性的。"

中国戏曲虽然也有悲剧性作品，但与西方话剧有很大的不同。中国戏曲作为我国传统文化的产物，深受儒家文化、民俗文化乃至宗教文化的影响，深刻地折射出中国传统艺术精神与美学追求。如果说，西方悲剧主张美与真的结合，悲剧表现上是一悲到底，如《哈姆雷特》剧中主要人物几乎全部死去，那么中国戏曲悲剧则主张美与善的结合，悲剧结尾善必胜恶。因为中国戏曲悲剧的冲突，主要集中在善与恶、忠与奸、正与邪、美与丑之间的矛盾，具有鲜明的倾向性，最终达到惩恶扬善的伦理道德批判目的。正因为如此，中国戏曲悲剧运用了多种艺术手法来达到这一目的：其一是人间不平事和冤案，会有包公式的清官来解决，如《秦香莲况》，因此，"清官戏"在中国盛行。其二是寄希望于上天，如元杂剧《窦娥冤》中窦娥含冤死前的三桩誓愿一一应验，六月天降大雪为她昭白。其三是通过超凡的想象努力营造大团圆的浪漫结局，如《梁山伯与祝英台》中梁山伯与祝英台死后双双化蝶，《长生殿》中唐明皇与杨贵妃在天上相会，《天仙配》中七仙女与董永鹊桥相会，《牡丹亭》中杜丽娘为与梦中的情人相会死而复生等。从这些例子不难看出，中国戏曲悲剧与西方悲剧有着明显的区别，根源在于中西传统文化的差异，以及民族文化心理的不同。

二、悲剧性的本质特征

西方美学史上，很早就有关于悲剧本质特征的理论探讨。古希腊亚里士多德最早对悲剧进行了系统的研究，他认为，"悲剧是对于一个严肃、完整、有一定长度的行动的摹仿"(亚里士多德《诗学》)，这就是说，悲剧故事应当有头有尾，有一个完整的故事情节，才能达到悲剧的效果。尤其是悲剧艺术往往展现人间的苦难与不幸，但为什么能够给观众带来美感呢？亚里士多德认为，这是因为欣赏悲剧就是"借引起怜悯与恐惧来使这种情感得到陶冶"。按照朱光潜先生的解释，这里所说的"陶冶"也有道德净化与情感宣泄的意思，观众通过欣赏悲剧可以从恐惧转化为同情，从痛感转化为快感，从而使自己不健康的情绪得到宣泄，使自己的心灵得到净化，使自己的情感得到陶冶，达到悲剧美的独特审美效果。亚里士多德的理论奠定了西方美学史上悲剧理论的基础。

德国古典主义美学的集大成者黑格尔则用辩证法的对立统一学说来分析悲剧性。黑格尔认为，悲剧的根源来自两种伦理力量的冲突，冲突双方所代表的伦理力量都是合理的，但又都有片面性。由于双方各自坚持自己的片面性而损害对方的合理性，从而产生不可避免的悲剧性冲突。黑格尔认为最能反映他的悲剧观的例子便是古希腊悲剧《安提戈涅》。故事讲述忒拜国公主安提戈涅的哥哥波吕涅克斯同其兄弟争夺王位，并向他的岳父即邻国国王借了兵力,结果兄弟相残双双战死,王位落人他们的舅父克瑞翁手中。新国王克瑞翁下令不准埋葬叛徒波吕涅刻斯,违者将被处死。安提戈涅为了同胞兄妹之情谊,不顾禁令埋葬了哥哥,被新国王关进石窟并上吊自尽。安提戈涅的未婚夫,即克瑞翁的儿子听到这个消息后自杀了。克瑞翁的妻子听到儿子自杀后也自杀了。在黑格尔看来,克瑞翁代表国家利益颁布法律是合理的,安提戈涅代表亲情埋葬哥哥也是合理的,但双方都必须否定对方才能肯定自己,因此又同样是片面的,必然导致悲剧性冲突。黑格尔进一步指出,虽然矛盾双方的悲剧性人物均遭到不幸,但他们所代表的国家法律、亲情之爱这些理想信念仍然是合理的、永存的。事实上确实如此,情与法的矛盾斗争可以说是中外古今文艺作品永恒的主题。黑格尔悲剧理论的最大贡献就在于他不是把悲剧性归结为个人的、偶然的原因,而是认为悲剧性冲突是合乎规律的、具有必然性的,指出了个人悲剧冲突后面的社会根源。但是,由于黑格尔把悲剧冲突纳入他的客观唯心主义体系之中,显示出他哲学思想的妥协性与局限性。

19 世纪俄国的车尔尼雪夫斯基批判了黑格尔的唯心主义悲剧观,强调悲剧并不是来源于理念冲突,而是来源于客观现实生活,从唯物论立场强调了悲剧的客观性。但车尔尼雪夫斯基同时也否定了黑格尔悲剧观中的辩证思想,尤其是否定了黑格尔悲剧观中关于悲剧冲突必然性的正确看法,这实际上抛弃了黑格尔悲剧理论的合理内核。

马克思、恩格斯继承黑格尔关于悲剧冲突必然性的理论,摒弃了其中唯心主义的成分,对悲剧的本质特征进行了客观的、历史的界定。恩格斯在分析拉萨尔的历史悲剧《济金根》时,指出悲剧的本质是“历史的必然要求和这个要求实际上不可能实现之间的悲剧性的冲突”。这里所说的“历史的必然要求”,是指符合历史发展方向的要求,它代表着正义的、进步的、新生的力量,以及他们的合理要求,但是由于旧势力的强大和新旧力量对比的悬殊,在矛盾冲突中导致悲剧性结局。这就是说,悲剧性的本质归根结底是特定历史条件下社会矛盾冲突的反映。

从一定意义上讲,悲剧性与崇高是一致的。崇高的本质在于人的本质力量与客体处于尖锐对立与冲突时,客体以外在巨大形式暂时压倒了主体,主体则在严峻冲突中最终征服客体,使人的本质力量得到充分显现。悲剧性的本质比崇高更加深刻,悲剧性的主客体冲突更加尖锐和更加激烈,具有合理性的社会力量在悲剧中遭受不可避免的苦难或毁灭,正如鲁迅先生所说的那样,“悲剧将人生的有价值的东西毁灭给人看”,人们正是从这种毁灭中更深刻地认识到它们的价值,使人们在悲哀与痛苦的同时,努力去奋斗、去抗争。因此,悲剧的意义不是消极的,而是积极的,是与崇高相通的。悲剧的美是一种崇高的美。因此,车尔尼雪夫斯基认为:“人们通常都承认悲剧是崇高的最高、最深刻的一种。”(《艺术与现实的审美关系》)悲剧的审美效果更加富有感染力,悲剧主人公的不幸、痛苦以至毁灭,使人性的光辉更加璀璨夺目。所以,悲剧感比崇高感更能激发人的斗志、震撼人的心灵,使人的精神境界得到升华,促使人们克服艰难困苦,从内心深处坚定对真善美的不懈追求。

第四节　喜剧性

一、什么是喜剧性

作为审美类型的喜剧性，是同悲剧性相对应的，不同于一般意义上戏剧形式的喜剧，而是具有更加广泛的意义。如同前面所讲到的悲剧性一样，这里所讲的喜剧性，也不是指戏剧的一种，而是指一种重要的审美类型，这种喜剧性涉及文学艺术的许多门类和领域。

究竟什么是喜剧性呢？鲁迅先生讲过，“喜剧将那无价值的撕破给人看”。这就是说，滑稽可笑的人物或事物披上了一件令人炫目的漂亮外衣，以此来掩盖自己的庸俗或丑恶，而当这件漂亮的外衣被撕破时，不仅暴露出自己的本质原形，而且当众受到嘲笑、讽刺和否定。从这个意义上讲，喜剧性是一种凸现了内容与形式、本质与现象之间的不协调或不和谐，给人以笑的审美类型。

作为审美类型的喜剧性，虽然也包括现实生活中的喜剧性事件和人物，但它主要还是指分布在文学艺术许多门类和领域中的喜剧性艺术。除了戏剧艺术中大量的喜剧作品之外，喜剧性艺术也表现在雕塑（如我国东汉雕塑《说书俑》）、绘画（如当代画家方成的漫画《武大郎开店》）、文学（如前苏联著名诗人马雅可夫斯基的政治讽刺诗《开会迷》）、喜剧电影（如中国的《女理发师》和美国卓别林的《摩登时代》）等许多艺术门类与领域之中。

当然，喜剧作为戏剧的一种类型，其发展历史十分长久，两千多年前的古希腊，首先出现的是悲剧，随后出现的便是喜剧。至于作为戏剧类型的正剧，则是晚了许多，直到18世纪法国文学家狄德罗和剧作家博马舍大力提倡“严肃戏剧”，才推动了正剧的快速发展。希腊喜剧最初产生于祭祖酒神庆典中的欢乐歌舞和化装游行，同时也吸收了民间滑稽表演的成分。希腊喜剧的题材大都取自日常生活，属于政治讽刺剧或社会讽刺剧，现实感十分强烈。古希腊喜剧作家阿里斯托芬创作了《阿卡奈人》等，另一位古希腊喜剧作家米南德创作了《恨世者》等一批喜剧作品。古希腊喜剧的情节和人物形象常常带有夸张性，动作与台词滑稽可笑，具有一定的社会讽刺作用。文艺复兴时期英国的莎士比亚和法国的莫里哀，都创作过许多杰出的喜剧作品。如莎士比亚的喜剧《威尼斯商人》，抨击了唯利是图、贪财如命的高利贷者夏洛克；莎士比亚的另一部喜剧《第十二夜》，所有情节都围绕着两对恋人的爱情误会而展开。法国莫里哀的《伪君子》，将讽刺矛头直指虚伪卑劣的教士达尔丢夫；莫里哀的另一出喜剧《太太学堂》，在笑声中深刻揭示了婚姻、家庭等社会问题，成了近代社会问题剧的先声。19世纪俄国作家果戈理的讽刺喜剧《钦差大臣》，更是通过描写一个骗子冒充的钦差大臣如何受到地方显贵们的巴结、讨好，鞭挞了沙皇制度下官僚集团的腐朽和没落。现当代喜剧已经出现了新的悲喜剧类型，就是用喜剧的手法展现小人物的悲剧性命运，如前面提到的瑞士剧作家迪伦马特的《老妇还乡》就是一个典型的例子。实际上,这种悲喜剧风格更多地体现在世界各国的电影艺术中,出现了一大批悲喜剧风格的影片,如前苏联导演梁赞诺夫的"爱情三部曲"电影——《两个人的车站》《办公室的故事》《命运的嘲弄》,都是时而令人发笑,时而催人泪下,具有独特新颖的悲喜剧风格。日本著名电影导演山田洋次先后拍摄了40多集喜剧系列片《男人辛苦》,其中包括我国观众熟悉的《幸福的黄手帕》,都是以喜剧的风格讲述了小人物悲剧性的故事。冯小刚的三部贺岁片——《甲方乙方》《不见不散》《没完没了》,以及他另外的影片《一声叹息》和《天下无贼》,也都具有类似的风格。

我国古代戏曲也有喜剧的成分,但并没有形成严格意义上的喜剧类型。例如,由关汉卿杂剧改编而成的《救风尘》和《望江亭》中,都有浓郁的喜剧氛围。尤其是戏曲表演行当"生、旦、净、丑"中的"丑",就是表演滑稽幽默的喜剧角色。丑角又可细分为"文丑"(如《群英会》中盗书的蒋干)、"武丑"(如《三岔口》中的店主人刘利华)、"丑婆子"(如《拾玉镯》中的刘妈妈)等。20世纪80年代以来,在我国电视荧屏和戏剧舞台上迅速走红的"小品",十分引人注目。戏剧小品本来只是戏剧学院学生的一种实习表演,但由于出现了一批贴近生活、贴近现实、贴近群众的小品,加之每年中央电视台春节联欢晚会的推波助澜,使得小品一度成为老百姓最喜爱的文艺样式之一。

喜剧性文艺作品在我国还有一个特殊的门类,就是"曲艺"。实际上,曲艺是全国各地区、各民族说唱艺术的总称。据不完全统计,现有曲艺三百余种。曲艺种类繁多,包括相声、评书、山东大鼓、河南坠子、东北二人转、天津快板等。各个曲种里都有不少喜剧性作品。尤其是相声,形成于清末北京的天桥,后来传遍全国各地。作为一种具有喜剧风格的语言表演艺术,相声艺术的表现手段主要是"说、学、逗、唱",幽默、讽刺是相声的特长,"笑"是相声艺术最鲜明的特征。一批优秀的相声作品如《关公战秦琼》《夜行记》《约会》等,都是以犀利的语言和幽默的包袱,揭露社会矛盾,讽刺落后现象,成为广大人民群众喜闻乐见的艺术形式。

二、喜剧性的本质特征

对于喜剧性的本质,早在古希腊时期就已经开始讨论。亚里士多德从他的摹仿论出发,认为"喜剧是对于比较坏的人摹仿,然而'坏'不是指一切恶而言,而是指丑而言,其中一种是滑稽"。亚里士多德把喜剧与生活中的丑联系起来考察,对西方美学长期认为喜剧的主角是丑的理论有很大影响。德国古典美学大师康德则从主体的感受出发研究喜剧的效果,认为喜剧感是"一种从紧张的期待突然转化为虚无的感情"。康德举例说有一个印第安人去参加宴会,在筵席上看到一个坛子打开时,啤酒沫喷出来,大声惊呼不已。别人问他为什么惊呼,他指着酒坛说:我真弄不清这些泡沫是怎么被装进坛子里去的。康德认为,人们听了这件事会大笑,笑的原因并不是认为自己比这个无知的人更聪明,而是由于紧张的期待突然转化为虚无,在紧张的期待中得到的却是印第安人这样一个令人意想不到的回答。康德的看法指出了喜剧的心理特征。黑格尔认为,喜剧矛盾根源于绝对精神发展中感性形式压倒了理性内容，表现出理性内容的空虚。这种观点虽然从属于他的唯心论体系，但是里面包含了辩证法因素。

如果说悲剧是通过丑对美的暂时压倒而揭示美的理想，那么喜剧则是美对丑的否定和揭露。如果前者重在对美的间接肯定，那么后者则重在对丑的直接否定。马克思、恩格斯对于喜剧问题提出了一些非常深刻的精彩见解，他们把喜剧奠定在现实的社会矛盾冲突之上，指出喜剧对象的特征是用另外一个本质的假象来把自己的本质掩盖起来，这就点明了讽刺性喜剧的根源。讽刺性喜剧所反映的对象是社会生活中的否定现象，生活的喜剧把本质隐藏在假象中，喜剧艺术则是透过假象揭露本质。正是在这个意义上，鲁迅指出，“喜剧将那无价值的撕破给人看”。喜剧正是通过撕开假象，让无价值的内容赤裸裸地暴露出来。

喜剧是引人发笑的艺术，这可以说是喜剧的一个最通常的概念。喜剧性现象和喜剧性艺术必然以笑为特征，没有笑，也就无所谓喜剧。喜剧为什么引人发笑呢？这是因为喜剧性艺术具有“寓庄于谐”的美学特征。“庄”是指喜剧性艺术体现了深刻的社会内容，“谐”是指喜剧性艺术的表现形式诙谐可笑。在喜剧中，“庄”与“谐”是辩证的统一。失去了深刻的主题思想，喜剧就失去了灵魂；但是，没有诙谐可笑的形式，喜剧就不成其为喜剧。喜剧性艺术之所以能够取得“寓庄于谐”的美学效果，是由于两个原因。其中之一是，在倒错中显真实。一切艺术都要真实地反映生活，而喜剧艺术是要在倒错（自相矛盾）的形式中显示真实，以取得喜剧效果。在生活中具有喜剧性的事物也常常是体现在内容与形式的。

三、喜剧形式的多样性

喜剧性是中外古今各个门类喜剧文艺作品的共同特征。喜剧是笑的艺术，喜剧最显著的特征就是笑。完全可以说，喜剧性离不开笑。喜剧作品引起的美感就是喜剧感，喜剧感的主要特征就是笑。作为喜剧美感特征的笑不同于纯粹生理反应的笑，喜剧美感的笑声中包含着理性的顿悟。正因为如此，人们在欣赏喜剧性文艺作品时，笑声也是多种多样的，有谴责丑恶现象的讽刺嘲笑，有幽默诙谐的机智的笑，更有夹杂痛感的含泪的笑。喜剧性艺术作品之所以能够使人产生多种多样的笑，是同喜剧性艺术多种多样的类型分不开的。如果从表现形式分类，喜剧有滑稽、幽默、诙谐、讽刺、嘲讽、闹剧等；如果从表现内容上分类，喜剧可以分为否定型喜剧、肯定型喜剧、含泪喜剧这样几种类型。下面，就对这几种类型逐一予以介绍。

“否定型喜剧”主要采用讽刺、嘲讽的手法撕破伪装，揭示其丑陋的本质。否定型喜剧人物，本来灵魂肮脏却装扮成高尚伟大，本来阴险毒辣却伪装成虔诚善良。中外古今都可以找到不少否定型喜剧人物，例如莎士比亚《威尼斯商人》中的高利贷者夏洛克，极度的贪婪使他变得十分阴险狠毒，他诱使安东尼奥签下了“一磅肉契约”，不能还钱时便要从身上割下一磅肉偿还。见义勇为的才女鲍西娅巧妙设计，只准夏洛克割下一磅肉，但规定不能多不能少也不准流血，结果使夏洛克在法庭上败诉破产。作品有力地揭露和批判了贪婪狠毒的高利贷剥削者。否定了无价值的东西,也就肯定了有价值的事物;否定了丑,也就肯定了美。讽刺引出的笑声是一种无情的力量,鞭挞与揭露了丑恶的本质。

“肯定型喜剧”常常采用滑稽、幽默、诙谐的手法,将人民内部矛盾中的一些不良现象作为批评对象,寓庄于谐、夸张变形地达到喜剧性效果。例如现代题材相声《夜行记》,成功地塑造了一个不遵守交通规则而又无理取闹的人物形象,并对他进行了淋漓尽致的讽刺。马三立的相声代表曲目《买猴》,本来是买猴牌肥皂,结果却变成了去南方买猴,成功地塑造了一个马马虎虎、大大咧咧、嘻嘻哈哈的马大哈形象。这个马大哈形象,竟然成为家喻户晓的人物,可见作品的艺术魅力。

“含泪喜剧”实际上就是一种悲喜剧。含泪喜剧中喜剧性与悲剧性达到了高度统一,小人物不幸的、悲惨的命运让人同情,但又有许多滑稽的情节与夸张的动作令人捧腹大笑。卓别林的《淘金记》描写了可怜的流浪汉查利在阿拉斯加的冰天雪地淘金时种种可笑的遭遇,如饿极了的查利煮食大皮靴时津津有味,姿态优美地拾起鞋带,有滋有味地吮吸鞋钉;而在饿极了的吉姆眼里,查利竟被看成一只火鸡,差点送命在枪下。《淘金记》正是把滑稽故事、悲剧色彩和抒情韵味揉合在一起,获得了巨大成功。这部“含泪喜剧”电影,在历次“世界电影十大佳作”评选中均榜上有名。这种喜剧引发人们含着眼泪的笑声,耐人寻味,发人深思,具有很高的审美价值。

思考题

1. 什么是优美? 优美的本质特征是什么?
2. 什么是崇高? 崇高的本质特征是什么?
3. 什么是悲剧性? 悲剧性的本质特征是什么?
4. 什么是喜剧性? 喜剧性的特征是什么?

第四章 美感的本质与特性

研究美学,除了研究客观的审美对象及其形态之外,还必须研究作为审美主体的人对美的感受。就是说,必须研究美感,本章主要探讨美感的本质与特性、美感的产生与发展等问题。

第一节 美感是人本质力量的自我观照

研究人的审美感受在整个美学研究中具有十分重要的意义。号称“现代美学之父”的费希纳,1876 年出版了他的《美学导论》一书,提出要把“自上而下的美学”和“自下而上的美学”区别开来。他把对美的哲学探讨,即从一定的哲学体系出发,经过哲学思辨和逻辑论证,用演绎的方法从一般到特殊来探讨美的本质的传统美学,称为“自上而下的美学”。他主张美学必须从哲学体系中解放出来,着重研究主体的审美感受,由个别到一般,经过不断的归纳去寻求美的法则。他把采取这种研究方法的美学称之为“自下而上的美学”。20 世纪以来,“自下而上的美学”已逐步成为西方美学的主流。这一发展趋势,虽然没有也不可能取消人们对美的本质的哲学探讨,但却表明了审美心理研究在美学中的重要地位。

美感具有广、狭两种含义。狭义的美感,指的是审美主体对于当时当地客观存在的某一审美对象所引起的具体感受,即审美感受;广义的美感,又称审美意识,指的是审美主体反映美的各种意识形式,包括审美感受,以及在审美感受基础上形成的审美趣味、审美体验、审美理想、审美观念等等所共同组成的意识系统。审美心理学要研究审美意识的整个系统及其各种表现形式,但研究的核心和基础,还是审美感受,即狭义的美感。

一、马克思主义产生以前人们对美感的认识

审美感受起于对美的事物的观照。经验表明,当人们面临某一审美对象(自然的、社会的或艺术的)的时候,对象首先正是以其可感的外在形式吸引人、打动人,使人对它凝神观照而不旁骛他涉,产生强烈的“第一个印象”。这种印象,又会立即触发人的情感,唤起人的记忆,激起活跃的想象和理解活动,即所谓睹物兴情,“见景顿萌思心”。在情感的推动下,一旦

想象力和理解力的自由活动达到和谐的程度，人们就不期然而然地进入一种精神亢奋的状态，不自觉地与对象所指引的某种境界产生共鸣，有所发现，有所领悟。在这种追寻和发现之中，人们会体验到全身心的感动，或者舒畅怡悦，或者动魄惊心，有时甚至达到忘我“销魂”的地步。这种对于客观对象通过感知、想象、情感多种心理功能的综合活动而实现领悟和理解的感受方式，称为审美观照。观照作为哲学、心理学的专用术语，指的是通过感性直觉直接达到理性本质内容的把握的一种心理过程。通过审美观照，主体就获得了精神上的享受，审美上的满足。

歌德在他早年所写的《论德国建筑》一书中，曾谈到自己对于哥特式教堂的感受。他原来对这类建筑颇为反感，以为它们不过是些紊乱的、不自然的、胡乱拼凑起来的东西，对它们“装饰杂乱无章极端仇视”。可是，当他亲临斯特拉斯堡教堂的时候，他获得的印象却完全出乎意料：

当我站在那座建筑面前时，我看见的景象使我吃了一惊，那种心情真是我意想不到的。我的灵魂装满了一个伟大而完整的印象，而且由于这个印象是由千百个和谐的细节组成的，我能够享受和欣赏，但无法理解和解释。我多么想经常跑回来享受这种半天堂式的快乐啊，从我们年长的弟兄的作品里领会他们巨人似的精神！……当那些复杂的部分融为完整的块，简单而伟大地耸立在我的灵魂前面，使我的心灵能力欣然升起来，既欣赏又理解时，黄昏多少次用它友情的安息打断我的因搜寻的凝视而弄得疲劳的眼睛啊……在清晨的明媚中，它多么清新地向我招呼，我是多么欣悦地观察那些伟大的和谐的块，在它们无数细小部分中获得生命，就像在永恒自然的作品中一样，全都形成一个整体，全都和整体发生关系！那个庞大的、基础坚固的建筑多么轻盈地升到半空来啊！多么的破碎，然而又多么的永恒！

这里，24 岁的青年歌德，对自己的审美感受作了极其精彩的描述。斯特拉斯堡教堂是以体积的庞大和装饰的繁复著称的，它代表着后期哥特式建筑风格。面对这重重叠叠的钟楼和雕缋满眼的细部，歌德非但不感到破碎和凌乱，反而产生了宏伟和谐的整体印象。说明他是把对象的外在形式作为整体，由感官直接加以把握的，这就是审美感受的直觉性。歌德获得这一印象时，“既欣赏又理解”，既享受到“半天堂式的快乐”，又感受到心灵为之震颤的巨人般的精神力量。强烈的情感体验中蕴含着深刻的社会理性内容，这就是审美感受的动情性和理解性。

那么，特定的审美对象，何以会引起主体特定的审美心理反应而获得美感？换句话说，美感形成的根源在哪里？这就是我们需要进一步探讨的美感的本质问题。

美感的形成，当然离不开审美对象。没有斯特拉斯堡教堂拔地而起、直入云霄的造型，歌德那种身心为之升腾的强烈感动便无由发生。但是，美感的形成又不能单纯归结为对象。在 12 至 15 世纪的欧洲，哥特式建筑原是作为建筑艺术的典范得以普遍流行的，为什么到了文艺复兴之后，人们便转而崇尚古希腊开朗、典雅的建筑风格，而把哥特式建筑当成“粗糙的和野蛮的"东西加以鄙弃呢？歌德原来深受流行观点的影响，是厌恶哥特式建筑的，又为什么在他 24 岁、当他成为德国"狂飙突进"运动的一个积极参加者的时候，却能一反成见，对斯特拉斯堡教堂产生如此强烈的共鸣？这些问题，单纯从对象即哥特式建筑本身是无法得到圆满解释的。欧洲中世纪时期同文艺复兴以后对于哥特式建筑的不同评价，显然反映了社会审美观点的历史变迁；而青年歌德之所以能使哥特式建筑重新恢复荣誉，显然也同他已经具有"新鲜的自然观和艺术观"有关。可见，即使在歌德个人的审美感受里，也包含着社会审美意识的影响。因此，探讨美感的本质，就应当把审美对象、审美主体的个人审美能力和一定时代的社会审美意识这三者联系起来，作全面的考察。

唯心主义美学家否定客观存在的美，主张单纯从人的精神活动中寻求美感的根源。他们过于强调主体审美能力的作用，往往用它顶替了审美对象，甚至把审美能力加以神秘化。如柏拉图就认为，真正的美只存在于尘世之外的理式世界，因而只有少数由于"神灵凭附"而陷入"迷狂"的人，才能观照最高的美，才能"见到尘世的美，就回忆起上界里真正的美"。新柏拉图主义者普罗提诺进而主张，美作为理式是来自神性。因此，人应当放弃感官所能感受到的物质世界的美，使自己的灵魂经过"净化"而进入神境，取得"灵魂的视觉"，这样便可观照到神境之中的理性的美。

倾向于这一派的夏夫兹博里、哈奇生等人，还认为人生来就有审辨美丑的能力，人们凭着"内在感官"或"第六感官"就能把握美的观念，直接观照到美。这些说法，既抹煞了现实世界客观存在的美，也抹煞了审美对象在美感形成中的作用，把观念形态的"美的理式""美的观念"绝对化、客观化、神学化，因而也就把人的审美能力神秘化或神学化了。这当然是不足取的。但是，他们却以神秘主义的方式肯定了美感是一种能够把握某种理性内容的直接观照，肯定了主观审美能力在美感形成中的特殊能动作用，这显然是从一个侧面窥见了美感的特点。

旧的唯物主义美学家肯定客观现实世界的美，也重视对象在美感形成中的作用，但忽视主体在审美中的能动性，因而对主体审美能力在美感形成中的作用估计不足。如以柏克为代表的英国唯物主义经验论美学家，认定美依存于客观事物的某些可感属性，美感即是这些属性所引起的"令人愉快的松弛舒畅"的感觉。换句话说，美感是由对象所引起的五官的快感。博克等人从"一切认识都起源于感觉"这个哲学原则出发，强调对象作用于主体的感官才能引起美感，这是正确的，但他们忽视了美感的社会内容和理性因素，甚至把美感和生理快感简单地等同起来，这就滑向了生理主义或感觉主义的泥淖，实际上也就把社会的人降低到了动物的水平，因而难以科学地揭示美感的实质。费尔巴哈和车尔尼雪夫斯基对美感本质的看法，比博克等人要深刻得多。他们不但承认美感来自感觉经验，而且认为美感不是一般的、低级的、非理性的感性认识，它是人通过自己的感官在对象上面认识到自己的本质或自己的生活而获得的愉悦。费尔巴哈把这种愉悦比附为人照镜子："人在照镜子时，满意于自己的形态。这种满意,是他形态的完美之必然的、不由自主的后果。美丽的形态在自身之中得到满足,它必然因了自己而感到喜悦,必然在自身之中映照出来。”车尔尼雪夫斯基则根据他关于“美是生活”的理论,把美感看成是从对象身上观照到生活所引起的无私的快感。他说:“凡是我们可以找到使人想起生活的一切,尤其是我们可以看到生命表现的一切,都使我们感到惊叹,把我们引入一种欢乐的、充满无私享受的精神境界,这种境界就叫作审美享受。”但是,无论费尔巴哈还是车尔尼雪夫斯基,都不可能科学地解释人和社会生活的内涵。他们是人本主义者。在他们看来,人的本质取决于人的自然属性:“哲学所看到的人,和医学、生理学、化学所看到的一样。”人的生活,也只是生物学意义上的生命活动而已。人只要像照镜子那样从对象身上看到“生的意味”“生的现象”,便可以直观自己的生命活动,便可以获得美感。这种美感论,无法摆脱消极静观的性质,并没有从社会生活中真正找出美感的根源。

二、马克思主义的美感观

马克思主义强调社会生活在本质上是实践的。实践,是人类特有的认识和改造外部世界的物质的感性的现实活动。这一活动,规定着社会生活和人的本质,也必然最终地规定着美和美感的本质。正如马克思所指出的:“人不仅像在意识中那样在精神上使自己二重化,而且能动地、现实地使自己二重化,从而在他所创造的世界中直观自身。”人经过实践,在对象世界中能动地、现实地复现自己的本质力量,创造了美;于是人也能从自己所创造的世界中通过感觉直接观照这一本质力量,肯定这一本质力量,引起由衷的喜悦而获得美感。正如美是人的本质力量的感性显现那样,美感是作为实践主体的人对自己本质力量的自我观照。

人为什么能凭着自己的感觉直接观照到自己的本质力量呢?马克思是从“社会的人”着眼来加以考察的。他所讨论的,既不是孤立于社会之外的单个人,也不是被资本主义的“异化劳动”摧残得畸形片面的“非社会的人”,而是结成一定社会关系、保持着活泼的创造力、能动地改造着外部感性世界的实践主体。这种社会的人,“具有丰富的、全面而深刻的感觉”。社会的人的感觉非但和动物的感觉截然不同,而且同非社会的人那种动物式的感觉迥然有别。

(1)这种感觉是丰富而全面的,它的内涵是指“不仅五官感觉,而且所谓精神感觉、实践感觉(意志、爱等等),一句话,人的感觉,感觉的人性”。所谓精神感觉,指的是精神需要满足与否所产生的感觉,这是一种超出粗陋的物质需要范围的感觉,如因自己的产品满足了他人需要而感到的快感,因同情他人的不幸而感受到的痛苦,因认识的成功或失败引起的喜悦或沮丧等等。所谓实践感觉,即心理学所谓“实践感”,指的是人因自己在广泛的实践领域的各种活动而引起的情绪反应。例如在劳动、学习过程中引起的积极的情绪反应,“来自所表现出来的熟练技巧,来自成功的努力,来自独立的探索,并由于取得成果而满意”;也可能引起消极的情绪反应,“由于工作过程枯燥单调而抑郁等”,都属于实践感觉。实践感觉包含着与实践活动相联系的情感和意志。人的实践活动是有意识、有目的地进行的,这种活动本身就会激起人的强烈的情感态度、内在动机、愿望以及指向一定目的的意志;意志要求获得外部的现实性,即要求直接在对象上实现自己;“激情、热情是人强烈追求自己的对象的本质力量。”所以,社会的人所具有的感觉的丰富性,既是和自然界的本质的丰富性相适应的,也是和人的本质的丰富性相适应的。这一感觉能使人在认识和创造对象的过程中感受到自己的本质力量,因而具有激发情感意志的作用,使这种感觉本身便成为一种享受。

(2)这种感觉具有一定的理性的深度,它在直观形式中包含着理解。社会的人的感觉不但可以直观对象的可感形式,而且可以从中辨识人与自然的某种关系,人和人之间的某种社会关系,即辨识其中蕴含的特定意义。这就是马克思所说的,“眼睛变成了人的眼睛”,“感觉通过自己的实践直接变成了理论家”。例如,我们观赏长城那在崇山峻岭间蜿蜒盘踞的雄姿,不但会由其外观的宏伟而产生崇高感,而且可以感受到中华民族先人们改造自然的勇气和毅力,感受到长城作为古战场的悲壮,感受到长城从农业群落和游牧群落的分界线到中华大地上各个兄弟民族融合团结的纽带的历史变迁。总之我们的直觉中饱含着丰富深刻的社会理性内容和情绪色彩。

(3)人的社会实践,是形成这种感觉的最终根源。在社会实践的历史行程中,人们不断地能动地改变着外部自然界,使之逐步成为显示人的本质力量的对象化存在,成为人化的自然;同时,人们也不断改变着自身的自然,使之逐步成为体现自己本质力量的自然,即取得感受、认识、改造或协调外部自然界的能力,并使之日益完善。这是一个永无终结的过程。社会的人的感觉能力,就在这一过程中产生、发展和不断完善起来。因此,马克思才说:“人的感觉,感觉的人性,都只是由于它的对象的存在,由于人化的自然界,才产生出来的。五官感觉的形成是以往全部世界历史的产物。”

马克思关于社会人的感觉的基本性质的分析,就是我们通常所说的关于五官感觉社会化的思想。这个思想是本书进一步阐释美感本质的理论前提。因为人具有高度社会化的感觉,丰富、全面、深刻的感觉,人才可能在这一基础上产生出审美观照的能力——“有音乐感的耳朵,能感受形式美的眼睛”;也正因为社会化的感觉是伴随社会实践产生、发展和不断完善起来的,所以人的审美观照能力的产生、发展和完善,也不能不以社会实践为最终的根源和动力。

用马克思主义的实践观点考察美感的根源,只是对美感本质问题的一种哲学探讨,还不能代替对美感的心理学分析。由历史形成的审美主体的美感(广义的美感)如何体现为个人现实的审美心理活动,这里还有一系列中间环节有待进一步研究。但是,用马克思主义实践观点探讨美感本质问题,却提供了美学史上从未有过的科学的观点和方法,使我们既能克服旧唯物主义消极静观的缺陷,又能同形形色色的唯心论划清界限。这种哲学概括,对于我们认识美感与生理快感的区别、美感与实用满足感的区别以及美感的社会作用,都有重要的原则意义。

美感不等于一般的通过五官感觉得来的快感,但必须以感官的生理快适为基础。一般说来,杂乱无章的线条,强烈尖厉的噪音,使视、听感官产生不快,因而难以引起美感。美感必须“赏心悦目”“悦耳动听”,是由五官快适进而使精神需要获得满足而产生的那种愉悦。在美感的愉悦中往往渗入了伦理上、理性上的满足,这种满足甚至使某种痛感因素也能转化为美感,如在崇高感和悲剧感中就是如此。同时,美感还具有分享性,它本身就要求社会的普遍赞同,不像某些生理快感如食欲的满足感那样属于私人现象。西方近代美学流行的“快乐论”,从感官反应刺激时是否产生快乐以及保持快感的久暂来判别美感与非美感,他们囿于生理反应之一隅,忘记了美感与快感的区别,实际上抹煞了美感的社会内容。

美感也不同于实用上的满足感。人们在实际的直接物质需求、物质利益方面所得到的满足,也可以导致一种愉快,然而这并不是美感。马克思说:“贩卖矿物的商人只看到矿物的商业价值,而看不到矿物的美和特性。”这说明物质生活上的实用满足同精神生活上的审美满足,显然是两个不同的领域。普列汉诺夫曾经进一步指出:就个人而言,“如果我喜欢一幅画,完全是因为我能出售它,并且赚一笔钱,那末我的判断当然决不会是纯粹兴趣的判断。”

马克思十分重视美感的社会作用。他把“实践的感觉”即意志与情感态度包括到社会的人的感觉之中,作为美感的基础之一,这一点是意味深长的。美感作为对人的本质力量的自我观照,并不是以直接实践的态度对待对象,并不要求对对象立即采取行动,而是通过对对象的欣赏,对一定的意志和情感态度进行再体验。这种再体验,也可以增强人的意志,使人惊醒起来,感奋起来,推动人们走向团结和斗争,实行改造自己的环境。美感的社会作用,就表现为它能转化为促使人们积极投身于社会实践的推动力。这里不仅包含着潜移默化的认识作用,而且包含着深沉有力的感染作用和促使人们行动起来的鼓舞作用,这个作用是科学认识所不能代替的。正因为如此,作为美感物态化形式的艺术,才被马克思看成有别于理论思维的掌握世界的特有方式之一。

总之,一个对象之所以能引起人们的美感,并不是仅仅由于对象的某些自然属性的特征,也不是由于虚无缥缈的观念,而是由于人们从对象的可感形态中看到了自己的本质力量,看到了与自己的创造性的生活相联系的东西。丰收在望的田野,鳞次栉比的建筑,赏心悦目的自然风景,动人心弦的艺术创作……都是由于能够令人们“直观自身”而招人喜爱、令人感动的。如果说,美是从客体方面对人的本质力量的积极肯定,那么,美感则是主体从精神方面对人的本质力量实现自我观照而产生的愉悦感。

第二节　美感的产生与发展

一、美感的产生

美感形成的根源既然是在社会实践，它的产生与发展也就离不开人类社会实践的历史过程。美感的起源，可以一直追溯到“人猿相揖别”的那个古老而又古老的时期。原始人类从制造第一把最粗笨的石刀开始，便在劳动中使自己的肉体组织，主要是双手、大脑和感觉器官不断完善起来；伴随劳动一起产生的语言，又促进了意识的发展。人们不断扩大自己的眼界，一方面，在自然对象中逐步发现新的属性，乃至自然界的某些规律，形成对外部世界的意识；另一方面，人类也在劳动中不断认识自己，学会根据劳动任务和劳动材料调节自己身上的自然力量，逐步形成内在的心理结构和人类的自我意识。这就出现了“完全形成的人”，也使人逐步摆脱原先的动物式的群居生活而结成人类社会。恩格斯说过：“由于手、发音器官和脑不仅在每个人身上，而且在社会中发生共同作用，人才有能力完成越来越复杂的动作，提出和达到越来越高的目的。劳动本身经过一代又一代变得更加不同、更加完善和更加多方面化了。除了打猎和畜牧外，又有了农业，农业之后又有了纺纱、织布、冶金、制陶器和航行。伴随着商业和手工业，最后出现了艺术和科学……”人类不知经历多少万年，才通过劳动，为最初的审美活动提供了生理、心理和社会历史的必要前提。

人类最初的审美活动是跟实用活动即劳动和日常生活活动结合在一起的。在工具、日常生活用具的制造和使用过程中，人类既产生了实用需要得到满足的实用感，也积累了从属于实用感的形式感，主要是形体感和节奏感。从我国远古时代人们所制造的工具造型的演化，可以窥见他们取得初步形式感的历程：旧石器时代北京人的打制石器，一器多用，尚无定型；丁村人已有尖状刮削器、橄榄形砍斫器和圆球状投掷器，工具已略具规范；山顶洞人的石器，进一步均匀规整。到了新石器时代，磨制石器光滑匀整，造型已有明显的方圆变化和比例对称的形式美因素。这一时期组合工具大量出现，说明它们的制造者已具有形体配合的观念和线的观念。没有这个形体感的进化过程，新石器时代晚期仰韶彩陶那丰富多彩的造型，令人惊叹的几何装饰纹样，是不可能出现的。节奏，本来是宇宙间常见的自然运行规律。大至天体运动，以及由此引起的昼夜相替、季节变换，小至人体的呼吸循环，脉搏跳动，以及心理活动中精力的充盈与疲惫，注意力的紧张与松弛，都有起有伏，自成节律。一面是身外自然的运动节奏，一面是身内自然的运动节奏，这两个方面，经由人的劳动和日常生活活动而自觉不自觉地取得协调与应和，于是在人的内心形成鲜明的节奏感。这种节奏感，又进而使人有意识地调节自己的动作，使之节律化，以至像庄子所描述的那位善于解牛的庖丁，奏刀之际，每一个动作都符合音乐般的节奏。这实际上已经具有了相当的审美因素。当然，上述两种从属于实用感的形式感，即形体感和节奏感，还不是严格意义上的美感。但是它们作为潜在的审美因素，已经在实用感的母体内孕育起来，却是毋庸置疑的。

严格意义上的美感，是包含着观念和情绪意义的形式感，即审美形式感，它已经脱离直接的社会功利目的，以至面对假想的感性形式，也能同面对现实事物一样，产生情感的激发。人类从实用形式感发展到审美形式感，从实用感到美感，经历了漫长的演化过程，由于史料的缺乏，要清晰地揭示这一过程，目前还难以实现。但是，有几点认识是可以明确的：第一，在这一演化过程中，人类以生产劳动为中心的社会实践活动归根到底起着决定性作用；第二，这一演化过程的实现，有着若干中介的环节；第三，现有的材料显示，在所有的中介环节里，原始巫术和图腾崇拜的作用，是相当突出的。

原始巫术和图腾崇拜都起于原始人类的幼稚观念——“泛神论”（或称“万物有灵论”）。原始人处在生产力极度低下、知识极度贫乏的历史条件之下，他们在社会实践中既形成了对自身本质力量的一定意识，又难以理解种种自然现象的因果联系，因而把自然力人格化，把它看成像人一样有生命、有意识、有灵魂的东西。这便产生了最初的神和神话。原始巫术以及与之相关的图腾崇拜，以神和神话的观念为依据，是一种具有原始宗教意义和实用意义的社会性活动。一方面，它是以想象和幻想为手段，表达人们支配自然力、征服自然力的意愿、情感，不直接体现实用目的，而以非现实的形式来唤起信仰、激发愿望和情感意志；另一方面，它所唤起的信仰、愿望、意志又都指向物质生产和人类自身的生产——种的繁衍，在非现实的形式下，暗含着十分现实的实用目的。原始巫术和图腾崇拜的两重性质，决定了它们在审美发生学上的重要意义。

原始巫术运用的范围相当广阔。生产劳动、战争、治病、丧葬等各项活动都广泛渗入巫术礼仪。这些活动中最缺乏成功把握即最具有偶然性的方面，正是巫术可以大显身手的地方。狩猎巫术之所以盛行，正是因为人们打算用幻想的巫术手段来弥补现实狩猎手段之不足。法国学者列维-布留尔曾详细记述过狩猎巫术礼仪过程：猎前以舞蹈、斋戒和咒语来招引猎物，直到它们出现为止；猎人也对自己施行巫术，包括对武器施加影响，对猎人的体力和意志力进行试验（如让有毒的蚂蚁叮咬自己）；猎中则对猎物继续使用法术，如点燃烟斗，将烟喷向四个方位以困住野兽；猎后要为被打死的野兽举行安魂礼，以免野兽之神记仇。这些狩猎者深信自己凭借神力可以和猎物发生“交互感应”关系，因此这类仪式举行得郑重其事，参加者也都如醉如狂，进入了仿佛与神明同在的迷狂状态。“交互感应”的观念普遍存在于原始人的初步审美活动之中。爱斯基摩人认为：“如果一个人能细腻地描绘出所要猎取的动物，好运气就会不可思议地降临到他身上。”北美印第安人爱用灰熊的爪装饰自己，因为他们深信灰熊的凶暴和大胆会通过熊爪传给以熊爪作装饰的人。西班牙阿尔塔米拉洞窟以及法国拉斯科洞窟中的壁画，画着野牛、野猪、野鹿、野马等动物的彩色形象，有的竟画在离地表八百米的黯黑之处。据研究，这样的作品是很难为常人所欣赏的，它只能是出于举行狩猎巫术礼仪的需要。可见，狩猎巫术既有操作演练、传授经验的作用，又有通过摹仿形象（包括绘画和歌舞形象）以唤起信仰、激发意志、情感的作用。在狩猎巫术中，人们通过对动物及其动作以及人的狩猎动作的摹仿，发展了自己的摹仿能力，同时又把事实的真实幻化为想象的真实，在想象的画面和场面中，使愿望和情感得到满足，使人的超摹仿的想象能力发展起来，并取得一种有别于日常交往的另一种情感激发手段——通过虚拟的形象激发情感的手段。在狩猎巫术中出现的原始绘画和原始歌舞，作为人类艺术的雏形，标志着人类审美意识的进一步发展。

图腾一语，出自北美印第安人阿尔衮琴部落奥吉布瓦方言，意指一个氏族的徽号或标志。图腾崇拜，是一种原始宗教信仰，即指原始氏族将某种自然物（动物或植物等）认作自己的祖先或具有其他特殊关系，以其充作本氏族标志和保护神而加以崇拜的旧习俗。据研究，在母系氏族社会，图腾崇拜曾在世界各地普遍流行，因此这一时代往往被称为图腾时代。图腾崇拜在现代残存的原始部族那里，仍然可以见到。如北美印第安人，一到性成熟期，就要举行成年礼，以图腾形象文身或黥创，在身上留下本氏族的印记。这首先是出于族外婚姻的需要，因为只有族外通婚所生育的后代才能保持健壮，因而文身或黥创就等于取得婚嫁资格，青年人才乐于忍受肉体的苦痛而踊跃参加。图腾形象也广泛刻画于本氏族的工具和器物之上，这也有指示这些物件的氏族所有权的用意。但是图腾形象还有另一重要作用，那就是原始人在祈求本氏族祖先为自己祛祸降福时，这些形象作为祖先的替身，成了人们特定观念想象的物态化形式，可以激发共同的愿望和情感，增强对祖先的信仰。在古老的华夏大地，蛇、鸟等动物，都被远古居民作为祖先的形象崇奉过。古代传说中的华夏始祖伏羲和女娲“人首蛇身”的形象同仰韶彩陶“人首蛇身”的壶盖一起，传说中“人面鸟身”的形象同仰韶彩陶许多鸟纹图饰一起，都向我们透露了这一信息。这类形象后来几经变形和互相融合，成为自然界未曾有过的神奇的龙和凤，充当了我国具有悠久历史传统的两大图腾形象。这些形象在当时就具有超摹拟的内涵和意义，主要是神秘的信仰的观念和情感意义。在若干世代之后，经过岁月洪流的冲刷，它们逐渐淡化了原先的神秘的信仰意义，而作为一种美的形式，被赋予新的观念想象意义。如龙，过去曾一度被作为王权的象征，今天仍然被视为中华民族的象征，以致炎黄子孙还自称“龙的传人”；而凤，则被看作吉祥的象征，普遍得到人们的珍爱。这些形象已从图腾形象转为艺术形象了。

总之，原始巫术和图腾崇拜，就其表现形态而言，是具有审美意义的活动。据荣格的说法，它们所提供的是一种“原始意象”。在这种意象中，“情感和思维的比重相等”，感性的形式，蕴含着观念内容和情感内容；它普遍留存在原始人的意识之中，并且可以转化为“集体无意识”，在后人的文化中持久地反复地呈现出来。容格所说的颇具神秘意味的原始意象，其实是综合着宗教意义、科学认识意义和审美意义的意识基本单位，也就是原始艺术的基本单位。随着生产力的发展和自然力在实际上被认识，被征服，随着社会分工的发展，特别是随着人类自我意识的进一步觉醒（表现为哲学理性思潮的兴起，对“泛神论”观念的批判），以原始意象为单位的原始意识逐步分化为宗教意识、科学意识和审美意识。原始意象作为美的形式，被保留下来，而原先包含的神秘的观念意义和信仰意义，则逐步汰去。于是，原先主要诉诸神明的巫术礼仪转化为主要诉诸人、以虚拟形象反映现实并表达人的现实思想情感的审美活动、艺术活动。如果说，《尚书》所载尧舜时代的“击石拊石、百兽率舞”，是对尚未从巫术中分化出来的原始歌舞的描述，那么，《诗经》反映的“我有嘉宾，鼓瑟鼓琴。鼓瑟鼓琴，和乐且湛”，则是对人们审美活动、艺术活动的描述了。艺术就这样取得了自己的相对独立性，这也标志着人类的美感获得了独立的意义。

艺术生产固然在原始社会就出现了，但它的进一步繁荣却是人类进入文明时代之后的事。这时社会分工的发展，使一部分人专门从事艺术生产有了现实的可能。尽管文明时代初期的艺术，还受着史前神话和巫术的深刻影响（如古希腊艺术和我国以楚辞为代表的楚文化艺术），也长期存在为宗教服务、作为宗教礼仪组成部分的宗教艺术，但是，独立的艺术和艺术生产毕竟已经出现，人类完全意义上的审美意识业已宣告诞生。

从此，人类的审美意识开始了相对独立的历史发展过程。这个过程是在审美意识和美的创造的交互作用中演进的。一方面，审美意识作为一个社会意识系统（包括审美感受、审美趣味、审美理想和审美观点等不同层次），对美的创造起指导和规范作用；另一方面，美的创造又将人类审美的历史成果转化为新的审美对象，日益增强人类感受美、评价美的能力，其中尤以各种门类的艺术创造，给予审美能力的发展以深刻的影响。

二、美感的发展

人类审美意识的发展，首先表现为审美视野的逐步扩大。美感最初是与生产劳动、日常生活、巫术礼仪等活动中的实用功利感融合在一起的，经历了由对社会美的观照扩大到艺术美，然后再扩大到自然美的演进过程。仅以对自然美的审美而言，人们先是对动物进行审美，而后对植物进行审美，而要领悟山水风物的美，则为时更晚，就中华民族审美的历史来看，还经历了由“比德”到“畅神”的转变。比如，处于狩猎生活时期的欧洲原始洞穴画作者，尽管生活在不乏美丽植物花卉的环境里，但他们着意描摹的只是经常与之周旋的野兽形象。无论是属于“奥纳瑞文化”的洞穴画上的古象或野牛，还是属于“索鲁特文化”的洞穴画上的牡马或野猪，以及属于“马格德林文化”的洞穴画上的驯鹿，一概如此。只是当原始人转入农耕生活之后，人们才能感受植物花卉的美，植物形象才广泛得到描绘，被用于装饰。正如格罗塞指出的“从动物装潢变迁到植物装潢，实在是文化史上一种重要的进步的象征——就是从狩猎变迁到农耕的象征”。对山川景物的审美意识的自觉，为时更晚得多。我国仰韶时代的彩陶花纹中，已有鱼、鸟、蛙等自然物的形象，采用几何化的写意手法和强烈的变形处理，表明这些自然物已变成象征符号，据学者们研究认为是新石器时代的原生型、次生型和再生型图腾标志，还谈不上自身的美。周秦以后，山川草木开始作为人的生活背景获得了自身的审美意义，然而人们主要是从“比德”的观点去欣赏它们的。那时的人习惯于将自然物的某些特征比附于人的道德、情操，使自然事物的属性(物理属性、化学属性或生物学属性)人格化，人的品性客观化，自然物的美丑，就按其所比附的道德情操的价值来评定，这实际上是一种“美善相乐”的观点。孔子的“知者乐水，仁者乐山”(《论语·雍也》)的提法，和《荀子》一书中所记的孔子“以玉比德”的观点(《荀子·法行》:“夫玉者，君子比德焉。温润而泽，仁也；粟而理，知也；坚刚而不屈，义也……”)，都可看成代表。这种用自然物比附人的德行的观点，虽仍有其片面性，却标志着人们对自然美的感受，已同实用感相分离，转为道德情感的满足，表现了历史的进步。《诗经》中常以鸟兽草木比兴，作为抒发情意的借用物。《离骚》以香草喻君子，以萧艾喻小人，都表明“比德”观念对艺术创作有着广泛的影响。由于艺术作品中大量出现以物喻人的形象，所以就使自然物往往附着了传统的隐喻意义，如松柏喻坚贞、兰竹喻清高，直到今天还影响人们对这类自然物的欣赏。

对自然物的“畅神”审美观，是晋宋以后盛行起来的。同“比德”不同，“畅神”强调的是自然美的欣赏可以使欣赏者的情感得到抒发，得到满足，从而精神为之一畅。它所尊重的，已不是自然物身上被人为地外加的道德伦理价值，而是它自身的足以令人舒畅怡悦的审美价值。王羲之《兰亭集序》写到自己面临会稽山阴兰亭一带有着“崇山峻岭、茂林修竹”，又有“清流急湍”的美景所产生的感受:“是日也，天朗气清，惠风和畅。仰观宇宙之大，俯察品类之盛，所以游目骋怀，足以极视听之娱，信可乐也。”宗炳平生“眷恋庐衡，契阔荆巫，不知老之将至”，酷爱描山画水，认为再现山川之美，足以“畅神”。他说:“峰岫峣嶷，云林森眇，圣贤映于绝代，万趣融其神思，余复何为哉？畅神而已。神之所畅，孰有先焉!”肯定观赏和再现自然美可以“游目骋怀”“澄怀味象”可以“畅神”，也就是肯定从自然界可以直接得到审美的满足。这种观点的提出，标志着对自然美审美意识的觉醒，为时比西欧早一千多年。在这种观点基础上诞生的谢灵运的山水诗和宗炳、王微的山水画，在中国艺术史上都具有开山意义。由此而形成的专事表现自然美的艺术品类——山水诗画，后来得到长足的发展，成为我国民族艺术对人类艺术宝库的卓越贡献。

到了现代，由于交通事业的发展和现代科技手段的采用，人们可以观赏到前人从未领略的自然风光:荒无人烟的大漠，波涛汹涌的大洋，极地的冰山，以至火山爆发时动人心魄的壮观……过去人们认为是丑陋怪异的景象，如荒凉的山野，错杂的石林，也逐一进入审美领域。人们虽然并不厌弃优美旖旎的风光，却更醉心于追求自然界的崇高和壮美，审美领域无疑在进一步扩大。

人类审美意识的历史发展，也反映在美感内容的日趋丰富和深化上。这需要考察整个文化艺术发展史，当然不可能在这里详述。现在仅就艺术创造的若干侧面，看一看艺术创造对人们美感的丰富性和深刻性的历史影响。

如我国的山水诗画作为姐妹艺术,在发展中就彼此丰富,同趋深化。一般认为,我国山水诗到唐而致极盛,山水画到宋而趋成熟。自唐以后,诗画交互影响,诗中有画,画中有诗,驱使一代又一代的诗人画家争相从大自然的山川景物中发现诗情画意,创造精美的艺术品。这些作品不断丰富着欣赏者的美感,反过来又增强了他们对大自然的欣赏能力。宋人强调山水画要描绘出“可游可居”的佳境,崇尚写实风格;元人则力求画面的简括,崇尚写意,“层峦迭嶂如歌行长篇,远山疏麓如五七言绝,愈简愈入深永。”由于侧重借景抒情,也就更讲求笔墨趣味,对自然物的形式美的感受力和表现力都更为精细。因而,习惯于欣赏山水画的人,也就善于用艺术眼光看待自然景物,如从山石林泉、烟云雾霭的动静变幻,发现画面空灵的构图;从山崖岩石结构的纹理线条,悟到山水画皴法的美妙,对自然风光的美,显得特别敏感。

再如西方的叙事艺术的演进。大家知道,大型叙事艺术作品是通过塑造人物性格来表现社会冲突的。不论是希腊史诗还是希腊戏剧,性格的个性特征虽然也算鲜明,但表现上是单一化和平面化的,缺乏心理深度。莎士比亚在戏剧史上的杰出意义,就在于他善于通过内心冲突来表现性格冲突,创造了“性格悲剧”。他常采用内心独白和“白日梦”的手法,表现人物内心隐秘的情感愿望的消长变化,以至作家本人被后世尊为“伟大的心理学家”,正如歌德所说:“莎士比亚是一个伟大的心理学家,从他的剧本中我们可以学会懂得人类的思想感情”。揭示人物心理活动的技巧,在列夫·托尔斯泰那里又有所进展。他擅长于表现人物从一种思想过渡到另一种思想,从一种情绪过渡到另一种情绪的过程本身,被誉为掌握了“心灵的辩证法”。艺术创作对人的内心世界日益深刻的表现,势必极大地提高人们在社会生活中感受心灵深处美丑斗争的能力。

各种艺术形式的相互渗透,也体现着人们审美感受能力敏锐化、精细化的过程。英国文艺批评家丕德说过,一切艺术发展到精微的境界都求逼近于音乐。一切艺术都包含着音乐的因素。但是,在一切艺术创作中都自觉追求音乐效果,则是较为晚近的事。即使是造型艺术家,也力求用体积、线条、色彩和光影的对比变化,表现某种旋律,就像音乐一样有节奏的快慢、力度的强弱,足以唤起和强化一定的情绪反应。电影以声画并列的技巧,同时诉诸人的视、听二觉,叙述的节奏感、情绪的节奏感更为明显。一部优秀的电影,就好像是一曲将文学、戏剧、音乐、绘画冶于一炉的交响乐。又如悲剧和喜剧,本是两个平行的美学范畴,具有各自独立的美感形态,但随着艺术的发展,也呈现出相互渗透的趋势。不论中外,不论小说还是戏剧,都出现“悲喜交融”的新的美感形态和新的审美风格。吴敬梓那“戚而能谐”的《儒林外史》,果戈理、契诃夫那些作为“含泪的喜剧”的短篇和中篇,貌似“开心话”实则动人心魄的鲁迅的《阿Q正传》……都在轻松的幽默的外在形式下,经过哭笑不得的复杂感受,把人引向哀伤和沉思,别有一种美感的深度。

总之，美感是不断发展着的人类审美实践——美的欣赏和创造，特别是艺术美的欣赏和创造而向前发展的。然而，审美实践还不是美感发展的最终根源。美感作为精神文化现象，作为社会意识的一种形式，最终根源是在物质生活的生产方式里。马克思关于“物质生活的生产方式制约着整个社会生活、政治生活和精神生活过程”的论断，同样适用于美感的历史发展。如果说，正是史前特定的生产方式孕育了原始的绘画和歌舞，标志着审美意识的萌芽，使审美从实用中分化出来，那么，正是文明时代生产力的发展和社会分工的发展，促成了艺术生产的繁荣，使人类的审美意识有了相对独立的形态。在艺术生产的长期发展中，各种艺术的繁荣兴盛同样要受建立在一定生产力基础上的社会发展状况的制约：没有古希腊的奴隶主民主制，不会有古希腊艺术——戏剧、雕塑和建筑的繁荣；没有欧洲文艺复兴时城市生活的形成和市民阶级的崛起，不会出现小说；没有我国魏晋以后地主庄园经济的发展，便没有大批文人隐遁田园山林的历史现象，山水诗、山水画的勃兴也将失去必要的前提。至于各类艺术所体现的美感内容，也都具有特定的时代性、民族性和阶级性，它们的变化更新，其最终的社会历史根源仍在经济关系之中。

然而，艺术生产一旦作为艺术生产出现，它和社会物质生产的联系就有其曲折性和间接性。物质生产需要通过政治，通过其他意识形态形式——哲学、道德、宗教等等作为中介，才作用于艺术和审美意识的发展。正如马克思所指出：艺术的发展和繁荣，并不是同物质生产和社会的一般发展成比例的。在生产力并不发达的历史阶段，有可能出现某种艺术的高峰，出现在审美方面具有永久魅力的作品。审美意识和艺术的发展、进步，同物质生产的发展、进步有不同的表现形态。物质产品的新陈代谢十分明显：新产品一旦在实践中取代了旧产品，旧的除了留下个别样品进入陈列馆外，便会因失去实用价值而从物质生活中被淘汰出去。艺术生产则不然。旧的产品并不因新产品的出现而遭致淘汰，相反，它以不朽的魅力继续活跃在后代人的精神生活里，不但继续满足人们的审美需要，而且继续影响人们的审美意识。所以，审美意识的发展，尽管最终受物质生产的制约，却具有自己的相对独立性。

第三节 美感的特性

美感是人在自己所创造的对象世界中实现自我观照时的心理活动，就其主客体关系来说，它和科学意识、道德意识一样，归根结蒂是实践主体对外部世界的一种反映方式。但它又是对对象世界的一种直接观照，这又决定了它具有和科学意识、道德意识相区别的一系列特性。美感的特性，集中表现为个人的超功利的直觉性与社会的含功利的领悟性的对立统一。在这一对立统一的基础上，形成了美感的重感觉而超感觉、富个性而隐共性、超功利而含功利这相互关联的三大特点。

一、美感表现的个人直觉性

所谓个人直觉性，包含两方面的意思：一方面，人们对于美的感受总是直接的、直观的，这也就是说，审美过程要在直接的、具体的、形象的审美对象的激发下才能实现。人们掌握某一数学公式、物理学定理、逻辑学原则，或是掌握伦理道德上的忠、孝、节、义等等，虽然可以通过直接经验来获得，但也可以通过间接经验来实现，而不一定非有感受的直接性不可。美感的获得就不同了，人们要领略一片风景的美，一首乐曲的美，光听旁人介绍和议论是不行的，非得亲自去感受、去品味一番才成。另一方面，审美感受的获得，大都是在直观对象的瞬间实现的，没有、也不需要一个逻辑推理的过程，无需借助抽象思考，便可不假思索地品味对象的美。置身于武夷山九曲溪的竹筏上随溪漂流的时候，虽然来不及辨析这大自然的景观何以有如此的神韵，人们却不免被应接不暇的片片景色所陶醉，神思飞扬；听一支歌曲，也许并没有听清它的歌词，但悦耳的旋律早已令人心动神驰；……普列汉诺夫说过："一件艺术品，不论使用的手段是形象或声音，总是对我们的直观能力发生作用，而不是对我们的逻辑能力发生作用，因此，当我们看见一件艺术品，我们身上只产生了是否有益于社会的考虑，这样的作品就不会有审美的快感。"事实上，不仅感受艺术美是这样，感受现实美同样也是这样，如果面对黄山的迎客松，想到的只是它的材质能否作为建筑的材料，哪还有什么美感可言？

美感的个人直觉性不但存在于美的欣赏过程中，也存在于美的创造、尤其是艺术创造的过程中。《文心雕龙·物色》写道："……然物有恒姿，而思无定检，或率而造极，或精思愈疏。"这是说艺术在表现客观事物时，虽然客观事物有它的特定形态，但人的思想却没有固定的范围，所以艺术家的创作有时在不经意之间竟浑然天成，而殚思竭虑反倒可能失之粗疏。这确实是创作中不可否认的客观现象。我国后来文论、诗论中主张"神韵""性灵"一派，更明确地肯定了美感的直觉性。19 世纪俄国革命民主主义思想家别林斯基等人，尽管十分重视艺术的思想意义，但仍然承认直觉在创作过程中的独特地位。杜勃罗留波夫曾经强调："一个艺术家在他的作品中把一些普通观念加以接受、发展并且表现，是和寻常的理论家完全不同的。艺术家们所处理的，不是抽象的观念与一般的原则，而是活的形象，思想就在其中而显现。在这些形象中，诗人可以把它们的内在意义——这对于自己甚至是不自觉的，远在他的理智把它们阐明以前，就加以捕捉、加以表现。有时候，艺术家可能根本没有想到，他自己在描写着什么……"正是由于这个原因，就导致了艺术品所建构的审美意象的客观意义，可能超越作者自觉的主观意图。有的时候甚至会出现这种情况，批评家从作品本身得出的某些见解，获得了欣赏大众的公认，却难以得到作者本人的认同。

美感突出的个人直觉性，是否就不包括任何理性的成分呢？这个问题在美学史上颇多争议。有的美学家把审美直觉当作人们认知的最初阶段的心理活动，不涉及其他任何东西，因而主张人们的知识越少、越单纯，就越能感受对象的美，所以在他们看来初生婴儿的第一次睁眼看世界,就最具审美意味,最能发现事物的美。这种见解,显然同人们的审美实践不相符合。其实,直觉在人们的心理活动中,有初级形态和高级形态之别。作为人类心理活动最基本元素的初级形态的直觉,即通常所说的人类感知事物的门户的感觉,它当然不带任何理性成分;而在人们丰富的实践基础上形成的高级形态的直觉,却无可否认地包含着理性的因素。前文本书已经论证了美感是在人们长期的审美实践、社会实践中,经过无数的中介环节,而逐渐形成的。其实,个人的审美能力,也并非与生俱来,同样需要在自身的审美实践、社会实践中实现感官的社会化、人化,才会具有感受形式美的眼睛、聆听音乐美的耳朵。

在美学上首先对直觉作出系统研究的意大利美学家克罗齐,就曾指出"文明人的直觉品有大部分含着概念",但是这种"混化在直觉品里的概念,就其已混化而言,就已不复是概念,因为它们已失去一切独立与自主;它们本是概念,现在已成为直觉品的单纯原素了。"这种见出直觉品中已经混化着概念的理论,虽然阐述得还不是那么充分、准确,但却无可否认是很有道理的。其实,早在克罗齐提出这一见解的数百年前,我国宋代著名文艺美学家严羽就借鉴佛学理论,以禅喻诗,强调说明:在文学艺术创作和欣赏活动中人们所获得的理性,并非一般认知理性,而是一种"妙悟"。这种"妙悟",寓理于感性直观之中,如"空中之音,相中之色,水中之月,镜中之像,言有尽而意无穷"。"妙悟"的产生,却又离不开人们知识文化和实践经验的积累,需要多读书、多穷理,才能达到它的极致。"大抵禅道惟在妙悟,诗道亦在妙悟。……惟悟乃为当行,乃为本色。然悟有浅深,有分限,有透彻之悟,有但得一知半解之悟。""夫诗有别材,非关书也;涛有别趣,非关理也。然非多读书,多穷理,则不能极其至。所谓不涉理路,不落言筌者,上也。诗者,吟咏情性也。盛唐诸人惟在兴趣,羚羊挂角,无迹可求。故其妙处透彻玲珑,不可凑泊,如空中之音,相中之色,水中之月,镜中之像,言有尽而意无穷。"严羽的这些见解,是相当精到而深刻的。

进入 20 世纪,人们对审美直觉的认识,有了很大发展。法国新托马斯主义哲学家马利坦在他的美学代表作《艺术与诗中的创造性直觉》里,肯定"智性或理性在艺术与诗中所起的根本作用",指出艺术与诗中的"智性或理性"同"逻辑意义上的理性"有别,"智性也是诗的精髓"。尤其难得的,是他特别强调在艺术与诗中的理性"包含一种更为深奥的生命"。他进一步对"诗性直觉"的理性内涵作了分析:"诗人这种对于客观实在的把握,不是通过概念和概念化的认识,而是通过一种隐约的认识。而这种隐约的认识,就是我称之为通过情感契合而达到的认识。"

马利坦的分析确实道出了审美直觉所含理性的两个重要特点:其一,消融在直觉形态中的理性,是隐约的、多义的,缺乏理论认识的明晰性、确定性;其二,理性同直觉在审美中的结合,是通过"情感契合"实现的。马利坦的这些论述,显然把严羽、克罗齐都还没有来得及阐释清楚的直觉、"妙悟"的内涵,作了更充分、更科学的揭示。

总之,美感的非概念的个人直觉性,只是美感的外貌和呈现形式,如同概念和推理,是科学认识的外貌和呈现形式一样；而美感的对象，则是富于感染力的感性事物（就现实美的审美而言）或意象（就艺术美的审美而言）。当欣赏者感知这些审美对象的时候，不但会立即产生相应的表象，而且必然有相应的情绪反应，诱发联想和想象活动，将表象改造为饱和着欣赏者主观情绪色彩的、朦胧多义的审美意象。意象有别于概念，但却包含了领悟的成分，能赋予审美主体以人生经验的启迪，这便是马利坦所谓的“隐约的认识”。尽管在审美活动中人们通过直觉形式所获得的领悟，对审美主体个人来说，可以是不自觉的，但却同样可以透视对象内涵的某些方面，这是毫无疑问的。因此，夸大美感的直觉性，排除一切理性因素的观点，同抹煞美感直觉性，把它与理论思维等同起来的观点一样，都是从各自的片面陷入了极端。所以，美感确实是重感觉而又超感觉的。

二、美感的获得的个人差异性

美是不依赖于个人的意识而客观存在的，但美的事物能否引起个人的美感，成为他的审美对象，却同个人的审美素养、审美心境以及人生经验等等，密切相关。因此，美感的又一个突出特点，就是它的个性差异。如果说美感作为人们特有的心理活动，深藏于人们的内心，因而揭示它的特质会有相当困难的话，那么，在美感物态化形式的大量文学艺术作品中，就比较容易洞察它的种种特点了。国画大师齐白石在概括自己丰富的审美实践经验时，曾说：“庐山亦是寻常态，意造从心百怪来。”是的，大自然对任何人都是公平的，它不会为谁特别展示自身的美，也不会对谁把自身的美遮掩起来；可是有人却能随处发现美的存在，有人却在无边美景的怀抱中，视而不见，听而不闻。并且，人们审美之心不同，面对同样的审美对象（如齐白石所说的庐山，或庐山的某一处风景），获得的审美感受、审美情趣、审美成果也会大相径庭，千差万别，五彩缤纷。从古至今无数优秀的以庐山为题材的绘画、诗歌等文艺作品的现实存在，证明了审美活动中的这一真理。

正因为个性在审美活动中有着如此突出的地位，所以高尔基在给斯坦尼斯拉夫斯基的信里，对于想成为艺术家的人，提出了“找到自己”的原则。高尔基说：“每一个人都具有艺术家的禀赋，在更细心地对待自己的感觉和思想的条件下，这些禀赋是可以发展的。摆在人面前的任务是：找到自己，找到自己对生活、对人们、对既定事实的主观态度，把这种态度体现在自己的形式中，自己的字句中。”作为一个伟大的作家，一个审美活动的大师，高尔基强调“找到自己”——自己对美的特有感受、自己的形式、自己的字句等等，是深得审美感受精髓的。由于美感的这种突出的个性特点，美感的获得及其物态化的表现形式——艺术创造——常常被人们看作是“自我表现”。事实上，包括艺术创造在内的人类一切审美心理活动，虽然具有突出的个性特点，显现出鲜明的自我表现特色，但却绝非纯个人、纯主观的。高尔基在创作“找到自己”的原则的同时，就深刻指出真正的艺术家的个人主观的审美感受，必然蕴含着社会的、普遍的意义。他说：“艺术家是这样一个人，他善于提炼自己个人的——主观的——印象,从其中找出具有普遍意义的——客观的——东西。”主观印象的内部含有客观,个人感受的背后存在着人群和社会,这就是美感富有个性而隐含共性的又一大特点。

我国古代的园林艺术,在世界上独树一帜,像苏州的拙政园、网师园,扬州的个园,上海的豫园等等。这些园林瑰宝,给人们留下了审美享受的广阔空间。在观赏这些园林时,人们注意到的大都是每一处园林所独具的特色,因而流连忘返,却很少意识到园林所共有的社会人文内涵。然而,共同的社会人文内涵却客观地、实实在在地存在着。叶圣陶就指出:“古名园往往要求‘万物皆备于我’。‘万物皆备于我’,就一方面说,是挺高妙的一种思想境界;就另一方面说,却是私有欲的表现,……为了要求‘万物皆备于我’,往往出现不配称的布局。厅堂前面或后面堆起一座假山,不怎么大的荷花池旁边来一艘旱船,就是例子。厅堂和假山,荷花池和旱船,拆开来看都不错,合起来看就见得不呼应,不和谐。”叶圣陶在肯定古代园林的杰出成就时,对其中所隐含的“万物皆备于我”的观念的揭示与批评,实在是很深刻的,对于我们深入理解美感的个性与共性的辩证关系,极富启发。

三、美感具有超越个人实用功利性的特色

美感作为人对自身本质力量的观照,带有明显的个人超功利性质。这种个人的超功利性表现在许多方面:真正的审美,总是摆脱了实用的目的,不去考虑对象的实用价值便产生了愉悦;真正的审美,尽管往往会产生极为强烈的情感体验,却并不立即作出实用性的现实行动反应;真正的审美,当人们获得美感时,总是急于与他人分享,渴望得到更多的人的认同;……这都表明,美感无关于个人的利害,不是自私的享乐,具有超越个人实用功利的特点。

对于美感的这种个人超功利的特点,康德作了深入的研究。在他的美学名著《判断力批判》中,他将人们的快感分为三类:感官满足的快适,道德认同的欣慰,审美获得的愉悦。康德认为,可以从快感的产生是否受对象性质制约、快感是否为人类所独有、快感是否包含功利这三个方面,清晰地将这三种快感区分开来,指出:“在所有这三种愉悦方式中惟有对美的鉴赏的愉悦才是一种无利害的和自由的愉悦;因为没有任何利害,既没有感官的利害也没有理性的利害来对赞许加以强迫。”康德断言审美鉴赏判断的愉悦是不带任何利害的,是“惟一自由的愉悦”。确实,就个人而言,美感的获得必须摆脱一定的实际功利的考虑。实际功利突出,无疑对审美会有很大的妨害,例如在饥饿感、悲痛感、恐惧感等等实际功利感受支配下的人,是无法真正进入审美境界的。

那么,审美活动是否就完全同功利无关呢?当然不能得出这样的结论。普列汉诺夫在评述康德的“审美判断的非功利性质”的观点时说:功利是凭借理智来认识的,美是凭借直觉能力来认识的。前者的领域是打算,后者的领域是本能。同时——这一点必须记住——属于直觉能力的领域要比理智的领域广阔得不知多少。在享受他们觉得美的对象的时候,社会的人几乎从来没有认识清楚那同他们关于这个对象的观念联系在一起的功利。在极大多数场合下,这种功利只有科学的分析才能够发现出来。审美的享受的主要特点是它的直接性。但是功利毕竟是存在的,它毕竟是审美的享受的基础(要提醒一下,这里所说的不是个别的人,而是社会的人),如果没有它,对象看起来就不会是美的。普列汉诺夫显然吸收了康德美学中的合理因素,但他所着重分析的美感在个人超功利的形态下所隐含的社会功利内容,却超越了康德的理论,纠正了康德的失误。尽管普列汉诺夫把直觉的领域说成"本能"并不准确,但他的论述还是很深刻的。不但肯定了美感的直接性、直觉性,而且强调就社会人而言,审美活动中的功利还是存在的,它"毕竟是审美享受的基础"。

前文说过,美感是在广义的实用活动——劳动、日常生活和巫术活动中发生的。原始人萌芽状态的美感比较明显地体现着社会功利内容。如他们喜爱用某些动物的皮、爪、牙等装饰自己,是因为在他们看来,佩戴这些凶猛的兽类身上的东西,是战胜这些兽类的标志,可以显示自己的勇敢、力量和灵巧,谁战胜了猛兽,谁就是勇士。这里的社会功利性内容是显而易见的。现代人由于在较大程度上摆脱了原始人那种狭隘的功利观念的束缚,初看上去他们的美感内容似乎失去了社会功利色彩,实际上这种社会功利内容还是以更为曲折、隐晦、复杂的形式,潜藏在美感深处。如流行于当今西方的荒诞派剧作,就其表面看,他们所塑造的舞台形象充满了故意不根据前提的推理,有的只是梦魇般的逻辑和奇异的变形,甚至在舞台上还经常乱糟糟地出现无生命的、非人性的或陈腐的物体,并任凭它们逐渐扩展,以致排挤了残存的人。这似乎难以确定它的社会功利实质。但一经仔细研究,人们还是可以发现,贯串于荒诞派剧作的一个重要的主题,是表现物对人的压迫、物质力量对精神力量的胜利。而这正是现代资本主义社会中那种物质充裕、精神空虚的现实的曲折反映。个人是不能脱离社会而生存的,个人的审美感受总得体现一定的审美趣味和审美理想,它们又总得和一定的社会政治观点、道德观点或宗教观点相联系。因而,个人审美感受通过层层中介,总会这样那样地体现一定的时代精神,我们就不难从中发现其特定的社会功利内容。这便是我们通过科学分析,可以从非功利的个人审美感受发现社会功利内容的根本原因。

对自然美的观赏,最为鲜明地表现着美感的个人非功利性。自然美侧重于形式美,它的社会性内容即它的观念和情感意义朦胧多义,很不确定,人们欣赏自然美,似乎在欣赏纯形式,与社会功利全然无关。然而,只要对审美意识的历史稍作考察,便能够发现,人类之所以能感受自然美,发现自然美,欣赏自然美,是同人类逐步对自然界日益加深认识和改造的历史进程分不开的。只是在这个"自然人化"的基础之上,大自然才能从可怖可惧的对象变为可亲可敬的对象。也只有在这个基础之上,人们才能建立起自然物与社会生活之间的丰富联想,才有托物言志、借景抒情的可能。东晋作家、音乐家袁崧在他的《宜都记》中有这样的记述:"常闻峡(指三峡之一西陵峡)中水疾,书记及口传,悉以临惧相戒,曾无称有山水之美也。及余来践跻此境,既至,欣然始信耳闻之不如亲见矣。其叠屿秀峰,奇构异形,固难以辞叙。林木萧森,离离蔚蔚,乃在霞气之表。仰瞩俯映,弥习弥佳,流连信宿,不觉忘返,目所履历，未尝有也。既自欣得此奇观，山水有灵，亦当惊知己于千古矣。”历来被视为可怖可惧的西陵峡，为什么在袁崧眼里，突然显得空前的雄奇壮美了呢？这固然因为袁崧其人，有卓拔超群的审美鉴赏能力，然而，我们也不难推想，在这种个人与自然审美关系得以实现的背后，隐藏着人类群体与整个自然关系上的历史性变化。有多少原本显得陌生、异己、可怖、可惧的自然事物，由于人类认识和改造自然的能力的提高，逐步转变为审美对象了啊！陌生的景观，初见之下，就“弥习弥佳，流连信宿，不觉忘返”，而山水于人，亦如“惊知己于千古”，人与自然，在情趣上往返交流，打成一片，这种亲切的富于人间情味的关系，只能是历史性的文化成果。这样，从对自然美的感受里，不管如何曲折隐微，总还是能够看出人们同自然界的某种历史性关系，能够看出时代的以至于阶级的印痕。比如在我国封建社会的山水诗、山水画作者中，有的人喜欢追求那种恬淡超逸的风格，就表现出士大夫阶级徜徉山水之间那种闲散慵倦的情趣，这种趣味的时代特点和阶级特点，当然也是可以从社会学角度予以分析的。

此外，美感的社会功利性，也表现为满足精神生活需要的这一普遍而广泛的功利性质。增强斗志，激励人心是一种需要；单纯的愉悦作为休息和安慰，是一种需要；陶冶人的情操，优化人的心灵也是一种需要。从精神方面来说，美感的这种社会功利性又是很明显的。进一步说，精神愉悦的这种功利性又可以转过来服务于社会实践的目的，实现精神向物质的转化。正如鲁迅在论小品文的社会作用时指出的，小品文可以“是匕首，是投枪，能和读者一同杀出一条生存的血路的东西；但自然，它也能给人愉快和休息，然而这并不是‘小摆设’，更不是抚慰和麻痹，它给人的愉快和休息是休养，是劳作和战斗之前的准备”。美感的社会功利性就这样和个人超功利性结合在一起，从而形成了超功利而含功利的又一特点。正因为如此，审美趣味才有健康与病态之分，才有进步和落后之别。

综上所述，美感和实用功利意识、道德意识以及科学认识等相区别的根本特点在于：它在个人的超功利、非实用的直觉形式中，表现了人类社会生活的功利的、实用的内容；它以情感为纽带，将感性的与理性的、个人的与社会的多种成分统一在完整的心理过程之中。这个根本特点，我们将结合美的欣赏和判断，作进一步的社会学和心理学的分析。

思考题

1. 何谓美感？为什么说“美感是对人的本质力量的自我观照”？

2. 美感在人类历史上是怎样产生与发展的？原始巫术、图腾崇拜同美感的形成有何关系？

3. 美感的特性表现在哪些方面？

第五章　美的欣赏与判断

美的欣赏是人类的一种高级的精神生活。它是一种不脱离形象的以情感为中心的，理智思考积淀于感性直观之中的特殊的认识活动。不具有美的性质的对象，或者缺乏审美能力的主体，都不可能构成实际的美的欣赏活动。人们的审美趣味既有差异性，又有共同性。审美有判断的标准，这一标准包括主观性与客观性两个方面。

第一节　美的欣赏条件与欣赏过程

美的鉴赏不仅要有客观的美的事物，而且要有一个具备一定条件的审美主体。马克思说："对象如何对他说来成为他的对象。这取决于对象的性质以及与其相适应的本质力量的性质。"瑞士心理学家皮亚杰则说："一个刺激要引起某一特定反应，主体及其机体就必须有反应刺激的能力。"因此，不具有美的性质的对象，或者缺乏审美能力的主体，都不能形成实际的美的欣赏活动。

一、美的欣赏的条件

1. 美的欣赏的客观条件

审美客体必须是美的事物。这是美的欣赏不同于一般哲学反映论的主要之点。达·芬奇说："欣赏——这就是为着一件事物本身而爱它，不为旁的理由。"审美虽然与主体的审美能力有关，但审美能力不仅仅是主体范围之内的事情，它要受到审美客体的影响和制约。在美的欣赏中，审美客体不是完全被动的，它会规范、指引审美主体的欣赏活动的趋向、效果、性质。"艺术对象创造出懂得艺术和能够欣赏美的大众，任何其他产品也部是这样。因此，生产不仅为主体生产对象，而且也为对象生产主体。"恩格斯在致拉萨尔的一封信中，曾感叹，"由于现在到处都缺乏美的文学，致使他的判断能力由于这样久没有运用，已经变得很迟钝了。"而当他重新接触多少有点新意的作品时，"情绪上这样地激动"，鉴赏力才慢慢活跃起来。这说明，具有一定美的欣赏能力的主体，如果长期接触的是一些美的特征并不鲜明的对象,或者艺术中的一些下乘之作,审美能力也会因此而钝化,是很难形成实际的美的鉴赏活动的。"鉴赏力不是靠观赏中等作品而是要靠观赏最好的作品才能培育成的。"那么美的事物应该具备些什么样的特征呢?

(1)二重性。美作为合规律与合目的的统一,自由的形式,必须具有二重性,即属于客体的东西,能够表现属于主体的东西。比如一朵花之所以美,能给人以美感,就因为其形状、颜色等等虽是属于客体的,但它却表现了属于鉴赏主体的情感、愿望、理想等等东西。

属于自然的东西,表现了属于人的东西。如优秀的山水风景画,就是从自然的描绘中,表现了属于人的精神风貌。真正的高尚的美的裸体艺术,同黄色下流的裸体画的区别,就在于它所描绘的自然的肉体的东西,处处表现着属于人的精神的东西,使人们能从中感受到青春的朝气和生命的活力。

属于个体的东西,表现了属于社会的东西。任何成功的美的艺术之作,其中所描写的个人的遭遇、欲望、爱好、情感、个性、气质等等,都渗透着具有普遍意义的深刻的社会的东西。赖斯金说得好:"一个少女可以歌唱她所失去的爱情,但是一个守财奴却不能歌唱他所失去的钱财。"守财奴之所以不能把他失去金钱的痛苦谱写成美丽动人的诗篇,就因为他的这种痛苦中不包含具有普通意义的社会内容,他的纯属自私的功利欲望的损失所带来的痛苦,不能引起人们的同情相共鸣。

总之,只有具有这种二重性的事物才是美的事物,具有这种二重性的事物的美才深沉,才含蓄,才耐人寻味,才能激起审美者的兴趣、情感、联想和想象,从而深化美的欣赏。

(2)形象的完整性。美作为真与善相统一的形象,其各部分之间的彼此联系、互相牵引,有一种内在的统一性、整体性。"美与不美,艺术作品与现实事物,分别就在于美的东西和艺术作品里,原来零散的因素结合成为统一体。"只有美的整体性形象,才能诱发鉴赏者的想象力。所谓整体,当然不是仅仅指对象外表形式的完整。罗丹的《思》,尽管没有身子,没有手脚,从外形看似乎是不完整的,但从塑像低头沉思的神情中,表达了一种想极力避免现实的沉重的羁勒而不可能的苦恼,人物性格鲜明,所以其形象是完整的。

(3)形象的生动性。美的欣赏不等于直觉,但始于直觉,始于对美的事物的直接观察,只有美的生动的形象,具有鲜明的可感性,可见、可闻、可触、可摸,才能产生强烈的刺激,引发审美主体的注意,促使神经系统兴奋,产生强烈的美感。为什么人们对黄山表现出那么大的兴趣?因为它有奇松、怪石、云海。云海气势磅礴,变幻莫测;奇松苍劲挺拔,姿态万千;怪石嵯峨挺立、气象生动。尤其那迎客松,颇使人有宾至如归、暖如春风之感。荒山秃岭,单调乏味,缺乏生气,不是人的本质力量的确证,人不能由它直观到人自身的自由,神经系统不是兴奋,而是易于疲劳。至于艺术美,其形象更应注意生动、鲜明。请看朱自清的《春》:

桃树、杏树、梨树,你不让我,我不让你,都开满了花赶趟儿。红的像火,粉的像霞,白的像雪。花里带着甜味,闭了眼,树上仿佛已经满是桃儿、杏儿、梨儿。花下成千成百的蜜蜂嗡嗡地闹着,大小的蝴蝶飞来飞去。

人们一接触到这段美丽的文字,便很自然的被深深的吸引住,仿佛置身于那繁花似锦的天地,与蜜蜂、蝴蝶为伍,嗅着那花儿、叶儿的清香,获得莫大的审美愉悦。

2. 美的欣赏的主观条件

美的欣赏也要讲一定的主观条件。克罗齐说:“要了解但丁,我们就必须把自己提升到但丁的水平。”美的欣赏中,由于主体是以他的整个身心、他所拥有的全部精神财富对待审美对象的,因此,审美主体的条件、状况,直接影响着鉴赏水于。立足于总体发展,审美主体应当具备下述条件。

(1)要有健康的身体。审美与注意、情感、心境息息相关,而这些都连结着物质客体——人的身体健康状况。说明人的本质力量的德、智、体、美是有机统一的,学问、事业、健康、美丽是一体的,它们相互促进、相互影响。英国人有句名言:“健康的精神寄托于健康的身体。”美的欣赏,作为一种高级的精神生活,它的发展,内在地要求与健康的体魄相结合。古代世界,“健”与“美”的结合,不仅仅是相对独立地对主体自身的要求,而且是对主体世界展开的一系列活动的条件的要求。健康、精神抖擞、神采焕发的主体,与病态的主体,同游名山大川,观赏艺术杰作,其感受是很不相同的。著名书法家费新我说:“书法家应该身心都健康。”兼擅武功的著名画家李苦禅则说:“没有健康的身体,就产生不了伟大的作品。”

(2)要有健全的社会化的审美感官,特别是“感受音乐的耳朵、感受形式美的眼睛”这样两种高级的审美感官。所谓“聋者不歌,无以自乐;盲者不观,无以接物。”不仅先天的聋盲人无法进行美的鉴赏,就连色盲和重听的人,其审美感也会受到不同程度的影响。

(3)要有一定的科学文化修养和知识水平。马克思说:“如果你想得到艺术的享受,你本身就必须是一个有艺术修养的人。”比如欣赏书法的美,那就得懂一点祖国的历史,汉字的由来,正、草、隶、篆是怎么一回事,笔、墨、纸、砚与书法美的关系,写字为什么要讲究悬肘,等等。如果我们具备了这方面的知识,那么,面对一幅幅的书法杰作,无论是郑板桥的六分半书,抑或张旭笔走龙蛇的狂草,便会不由自主地进入鉴赏领域。

不仅欣赏艺术美需要知识修养,领略自然美同样需要知识修养。因为“自然界的美的事物只有作为人的一种暗示才有美的意义。”主体的修养愈丰富,展现在人们面前的自然美的领域就愈广阔,主体获得的审美愉悦也就愈丰富。有一出《关大王赴单刀会》的戏,讲关羽带周仓来到江边,看到一片在旭日映照下的通红的江水,两个人都产生了美感。但是,没有文化的周仓只能叫几声“好水,好水!”而颇有文化修养的关羽,却由红色的江水,联想到曾在此发生过的流血战争,因此,他所得到的审美愉悦就比周仓丰富得多,深广得多。罗丹说的好:“对于我们的眼睛,不是缺少美,而是缺少发现。”至于欣赏科学美和技术美,不仅要有一定的文化修养和知识水平,而且还要懂点科学。比如欧几里得所建立的平面几何体系,结构美妙；开普勒行星运动三定律像画，又像乐曲；爱因斯坦的广义相对论"像一个被人远远观赏的艺术品"；等等。要欣赏它们，就得懂得或者了解某些公理、定理、公式。

(4)要有一定的理性思维能力。美的创造不能靠概念，美的欣赏也不能靠图解，但一个人理性思维能力的高或者低，却潜移默化地制约着他的美的欣赏能力，正如休谟所说，理性"对趣味的正确运用却是不可缺少的指导"，大艺术家往往也是大思想家，其原因即在这里。思想境界的高低，往往影响美的艺术作品的格调的高低，影响审美愉悦的程度。美的欣赏中的感知、联想、想象、情感等之所以能有机地结合在一起发挥作用，就是因为理性思考渗透在里边的缘故。美的欣赏中的妙境，所谓"可意会而难以言传"，正是理性思维在情感的驱遣下的一种美感升华，是欣赏由浅入深、由表及里、由直观感受进入理性思考的表现。王朝闻曾结合自己的艺术生涯和审美实践指出，"当我还企图做一个艺术家的时候，不放弃学习艺术理论的机会，有些理论著作读了又读，书籍对我的创作实践的积极影响是难忘的。""感动既是情感的活动，也有理智的活动，所以艺术欣赏也称艺术鉴赏。"

(5)要采取欣赏美的态度。欣赏美的态度又叫做欣赏美的心境，是一种特殊的综合性的心理状态，托马斯・芒罗把它比作"集成类型概念"。欣赏美的态度的根本点是排除功利实用的态度和科学认识的态度。对此，当代西方美学家梅尔文・雷德有一个很好的比喻，他说："一个人去注视波斯地毯，如果他在想这值多少钱，那么他的兴趣是在经济方面；如果他思考它是怎么制造出来的，那么他的兴趣是在认识方面；如果他问自己假如这条地毯归我所有，它能提高我的社会地位吗？那么他的兴趣是在想摆阔。……但假如观赏者不为那样的问题去分散其注意力，而专心致志于毯子本身的视觉形象，如果他仅仅是在一种欣赏的方式中去评价地毯的色彩和图案方式，那么他的兴趣就是审美的。"在主客观条件都具备的情况下，主体能否采取欣赏美的态度，对于美的鉴赏至关重要。如果主体心境不佳，为日常的功利考虑所纠缠，即使最美的风景也会黯然失色。大观园的春色不能说不美，但对于寄人篱下的林黛玉来说，却不能去欣赏那迷人的春景，她动心的是一片无人问津的落花，吟成的是一首酸楚凄恻的《葬花吟》。

二、美的欣赏的一般过程

美的欣赏，是在主客观条件均已具备的情况下，通过个体的感受与体验实现的。它的一般过程是怎样的呢？

个体要进入美的欣赏，首先要自觉或不自觉地摆脱日常意识状态，而转入特定的审美心境，有宁静的、适宜接纳美的事物的心胸，或者说要对美的对象抱一种明确的审美态度。杜甫在《望岳》诗中写道："荡胸生曾云，决眦入归鸟。""荡胸""决眦"这种安宁、坦荡、专注的精神状态，正是个体进入美的欣赏所必须的。

正是鉴于这种审美态度的重要，瑞士美学家布洛提出了他的"心理距离说"。布洛主张，审美时主体与客体之间要保持一种无功利、非实用的“心理距离”，否则功利实用关系一旦介入，就会得不到美感。布洛举了一个有名的例子：一条轮船在海上遇到大雾，随时有触礁、撞船的危险，这时船员紧张万分，旅客担惊受怕，旅途变成了畏途；而如果有人能忘掉实际危险，处之泰然，聚精会神去欣赏茫茫海上的大雾，那么透过这“迷迷蒙蒙的半透明的乳状的帷幕”，海雾也就可能成为“强烈乐趣与愉悦的源泉”。布洛据此主张，保持恰当的“心理距离”，是进入审美活动的关键。这个距离不可过大，过大了无法欣赏；也不能过小，过小了会导致距离的消失，同样无法欣赏。布洛的学说有其合理的地方：就主体说，它强调采取明确的非实用的观赏态度；就客体说，它强调要观照客体的形态，使主客体之间从实用关系转为审美关系。但布洛把这一“距离”，纯然说成是主观设定的“心理距离”，就不那么科学了。审美中主客体之间的距离，并非完全出自个人意愿，而是受制于主体与对象的客观联系，是历史形成的人同客观世界的审美关系的具体表现。在关于美感的特性中，本书已经指出，在现实的个人非功利的赏鉴态度背后，仍然深藏着淡化了的主体与客体的功利关系，因此是超功利而含功利的。在美的赏鉴中，就对象而言，是它的感性外观触发了主体的情思；就主体而言，则已摒弃了一己的私欲，而着眼于人的本质力量的直观。带着食欲去“欣赏”静物画中的水果，只会徒然滋长利己的占有欲，而不可能获得美感。

审美态度同时也是一种持续的、兴味盎然的审美注意，是对审美对象的一种凝神观照，“用志不分，乃凝于神”。由于胸无利己的杂念而又注意力集中，主体就可能从形式方面充分感知对象，产生强烈的“第一个印象”，同时也可更为顺利地诱发联想和想象，使主体的整个审美心理活跃起来。审美注意是不可轻易转移的，更不允许来自主观或客观的干扰，否则欣赏兴致一遭破坏，便会顿生幻灭之感，欣赏也就难以继续下去。

我国古典美学受道家哲学影响，常标举“虚静”二字，描述进入审美状态时的心理，讲的也是“湛怀息机”——虚，“罄澄心以凝思”——静，即去欲和专注这两个要点。同西方美学理论相较，“虚静”似乎还具有强调开拓主体心理空间、增强主体感受能力的积极意义。刘禹锡说：“能离欲，则方寸他虚，虚而万景入。”苏轼认为：“静故了群动，空故纳万境。”如冠九则提出，“澄观一心而腾踔万象”，说的都是“虚”可以扩充心胸，拓展心理空间。至于刘勰所说：“水停以鉴，火静而朗。”则是借自然景象来强调只要人的内心保持安宁、平静的状态，就更能明察周围的审美对象。此类观点，在我国美学史上不断得到发挥。可见，无论中外，都一致肯定，转入审美态度，实为进入欣赏的心理前提。

美的欣赏心理，一般说来，可分为相互关联、逐步推移、渐次深化的几个层次。

(1)最初的层次是对于对象的形式感知。

如果主体面临的是优美的对象，那么它所拥有的形式美诸因素及其有机组合，首先会使主体的视听感官感到生理上的愉悦，使“第一个印象”弥漫着和谐、柔丽的色彩。如果主体面临的是崇高的对象，那么它数量上或力量上的“大”，都会使主体感官似乎受到猛烈的撞击或威压，产生突兀、惊讶，以至怵目惊心的感觉。从生理上说，这虽未必快适，但从精神方面说，这种情感上的冲击，却能唤起主体理性和意志的力量去把握对象。不论属于何种情况，形式的感知，都不是一次完成的，而是主客体之间往复交流，不断进行对象情趣化和情趣对象化的结果。常常是对象的感性形式，引起了主体的兴发感动。主体又将知觉引起的感兴投射于对象，如此循环往复，“目既往还，心亦吐纳”“情往似赠，兴来如答”，使形式的感知所得，逐步情意化，主体便会获得一种知觉情感。

(2)第二个层次是主客体之间的同情与共感。

欣赏时主体对于对象的审美的同情，指的是主体由于类似关系、接近关系或因果关系将自己的情志转移到对象上，使自己“设身处地”地体验对象。把自然对象拟人化，在他人(包括艺术的审美意象)身上发现自己的类似之处，这种积极认同的心理活动本身，就能使主体感到愉悦。在黄山的半山寺前，仰观天都峰，一块突出的奇石有如雄鸡引颈长鸣，被称为“金鸡叫天门”。这“金鸡”好像在迫不及待地催促天都的阍者，赶快开启天门迎远客。面对此景，被迎候的游人，一定油然而生亲切之感。如果逶迤而上，到达蟠龙坡再回首东顾，这“金鸡”早已变成五位老者，他们相互搀扶，颤颤巍巍地向着天都缓缓跻攀。这“五老上天都”的动人情景，能令人精神为之一振，登山兴致陡然大增。这都说明，基于认同心理的审美同情，是撤去物我间的藩篱，以心通物的重要心理机制。

审美欣赏中的“共感”，又称“感会”“会心”“应会”(“应目会心”)等等，指的是主体与对象之间心物两契，产生情感上的共振共鸣状态。这大体相当于西方美学所说的审美移情。不过，审美移情是作为一种完整的美学理论提出来的，包含美论、美感论等广泛的内容，而共感共鸣则仅指审美欣赏中的一种心理状态。《宋书·隐逸传》记有我国山水画开创者宗炳的一则故事：

……(宗炳)以疾还江陵，叹曰：“老病俱至，名山恐难遍睹，惟当澄怀观道，卧以游之。”凡所游履，皆图之于室，谓人曰：“抚琴动操，欲令众山皆响！”

宗炳说的“澄怀”，即前述“虚静”的审美态度；而他所观的“道”，则涉及我国古代“天人感应”的哲学思想。这一思想的理论前提是：万物皆有生命，有意、神、气、性等等；万物的生命运动，可以同人的情意活动相契合，使人领悟到某些神秘的意念。宗炳认为，“道”体现于宇宙万物的生命节奏之中，能与音乐节奏共振共鸣而融为一体，从而使主体在观画抚琴之际，获得莫大的审美愉悦。所以，宗炳实际上是在“天人感应”观念的支配下，生动地描摹了审美欣赏中的共感现象。如果剔除其中某些神秘的因素，便可以对共感的审美特质有所认识。

我国古代的不少艺术作品，记录了前人在欣赏自然美时心灵与对象所产生的共感现象，表明古人在体认自然之美方面，极为敏感而精妙。如常建的《江上琴兴》：

江上调玉琴，一弦清一心。
泠泠七弦遍，万木澄幽阴。
能使江月白，又令江水深。
始知梧桐枝，可以徽黄金。

泠泠的琴声，非但可以清心，而且能令江上的一切自然景物都产生感应，诗人的心灵，和着宇宙的节律，共同奏响一曲恬淡、静穆而略显凄清的乐曲。至于欣赏社会事物的美和叙事性艺术作品的美，共感则表现为欣赏者与社会生活的节奏、人物思想感情的节奏共鸣共振，那就毋庸多言了。

欣赏中主体获得同情与共感，意味着体验到"物我两忘""身与物化""我没入大自然，大自然没入我"的最高审美境界。庄子《齐物论》所记的庄周梦蝶的故事，最早提出"物化"一语，就是指这种物我界限消融、我与万物融化为一的心理境界。柳宗元在一篇游记中，也有这样的记述：

悠悠乎与颢气俱，而莫得其涯；洋洋乎与造物者游，而不知其所穷。引觞满酌，颓然就醉，不知日之入。苍然暮色，自远而至，至无所见，而犹不欲归。心凝形释，与万化冥合。……

这里的"心凝形释，与万化冥合"，是对共感现象的极好描述。内心平静至极，似乎精神活动已经凝结，躯体一切束缚均已解脱，仿佛自己与宇宙万物合成一体，这是精神上的大解脱，大超越，大自由。这时，主体感到天地间的"颢（浩）气"充溢心胸，似乎与造物主神游天外。所以，这种审美欣赏中的同情共感，也就相当于人本主义心理学所揭示的"高峰体验"。马斯洛指出"处于高峰体验中的人具有最高程度的认同"，显现出一种"你－我"一元关系，即把他人与万物都当作自己的生命，而愿意奉献自身之所有。当人们处于高峰体验时，"创造者与他的产品合二而一；母亲与她的孩子合为一体；艺术观赏者化为音乐、绘画、舞蹈，而音乐、绘画、舞蹈，也就变成了他""在高峰体验中，表达和交流常常富有诗意，带有一种神秘与狂喜的色彩"。

(3)欣赏的第三个层次是实现审美的再造与超越。

美的欣赏，不是消极的、被动的接受，而是带有欣赏者自身的发现与创造的心理活动。许多美好的事物常引得人们一再地观赏、体悟，流连忘返。著名画家刘海粟十来次登临黄山，就是一个显著的例子。这是因为，在现实美的赏鉴过程中，欣赏者即便面对同一对象，处在同一景点，但由于自然风色、实际情状、特别是欣赏者本人审美心境的差异，在不同的时间他所投入及获得的情致，会有一定的区别以至极大的不同。这也就是说欣赏者面对同一审美对象，可以感悟和创造出种种不同的审美境界，因而格外令人满足，让人愉悦。同样，在艺术美的欣赏中，欣赏的心理过程也并不会与创作的心理过程完全对应；欣赏者获得的美感，不会是创作者的感受和体验的翻版。因为，在创作者有一个传递的问题，在欣赏者又有一个再创造的问题。这两个问题的存在，注定了两者之间不能简单互逆。

再创造的境界，是审美欣赏活动中的高级阶段，是在欣赏者审美情思活跃飞扬、浮想联翩的状况下实现的，它给人们带来了极大的审美享受和满足。就艺术美的欣赏而言，一方面，作品创造的审美意象启迪、激发着欣赏者的心理；另一方面，欣赏者在赏玩中对这个意象又必然要加以重建、体悟直至超越。由于艺术品提供的可以说是一个"言有尽而意无穷"的审美意象，因而读者在欣赏时，就要通过自己的审美想象，补足那些空白的、无穷的内涵，使意象在自己的脑海里成为一个完整的艺术世界，得到重建。德国符号论美学家卡西尔曾指出："从某种程度上可以说，如果不重复和重构一件艺术品藉以产生的那种创造过程，我们就不可能理解这件艺术品。"当然，欣赏过程中重建的审美意象，不是、也不可能是原来作品意象的还原，而是欣赏者从自身经验出发的一种揣摩，因而已经具有一定程度的再造、超越的性质。在意象重建的基础上，欣赏者还要进一步赏鉴意象中那些隐秘、幽微之处，体悟其言外之意、弦外之音、像外之旨。徐悲鸿画马不画草，有意留下满纸的空白，但因为他把马表现得那样雄奇骏逸，所以欣赏者就能飞驰自己的想象，不仅见到了在草原上自由奔驰的骏马，而且还能体悟到生命意蕴的一种乐趣。比起意象重建来，意象的体悟自然具有更为突出的创造与超越的因素。清人马其昶说：

若夫古人之精神意趣，寓于文字中者，固未可猝遇，读之久而吾之心与古人之心冥契焉，则往往有神解独到，非世所云云也。

要是说"吾之心与古人之心冥契"还属于体悟这个层次的话，那么"神解独到"其实便是一种再造与超越了。正是由于欣赏活动中的这一超越，才使欣赏具有如此巨大的魅力，使人感到"咀嚼有余味，百过良未足"，必须一而再、再而三的品味，才能满足欣赏的需要。这也就是说，在欣赏活动中欣赏者的体味，完全可以同作者的用心有这样那样的出入，所以前人说过，"作者之用心未必然，而读者之用心何必不然"，这是很有道理的。聪明的作者，懂得怎样给欣赏者留下足够的心理空间，让他享受再创造的充分自由，实现审美的超越；聪明的欣赏者，也不会苦苦猜测作者的意图、用心，而要让自己的感受和体悟相对自由地飞驰，发现作者不曾发现的东西，对作品作出作者始料不及的心理诠释。苏轼的名篇《前赤壁赋》的描绘，生动地表现了欣赏的这种再造与超越的性质。当"苏子与客泛舟游于赤壁之下"时，面对"白露横江，水光接天"的景色，苏轼觉得自己进入了"飘飘乎如遗世独立，羽化而登仙"的境界，便不禁扣舷而歌：

桂棹兮兰桨，击空明兮溯流光。

渺渺兮予怀，望美人兮天一方。

歌声催动了客人的情致，使他吹洞箫而和之，"其声呜呜然，如怨，如慕，如泣，如诉"，"舞幽壑之潜蛟，泣孤舟之嫠妇"。然而，苏轼的歌吟与客人的箫声所表达的审美情怀，却并不完全相同。据说客人指杨世昌，字子京，是一位道士，善吹洞箫。苏轼在《次韵孔毅夫》诗中说他："杨生自言识音律，洞箫人手清且哀。"这次游赤壁吹箫呜呜咽咽，甚是动人，表达的人生苦短的哀叹，深感自身的孤独和渺小，"哀吾生之须臾，羡长江之无穷"。然而，苏轼的歌吟所表达的却是一个更高的境界："自其变者而观之，则天地曾不能以一瞬；自其不变者而观之，则物与我皆无尽也，而又何羡乎？"所以，尽管客人也同苏轼一样面对"月白风清"的江上美景，共同吟诵《诗经》中"月出皎兮"的诗章，亲历"凭虚御风"的感受，并且受到苏轼高歌的感染，吹洞箫“依歌而和之”，但他所得到的、表达的意味，所显示的人生境界，却同苏轼有相当大的区别。

总之，在审美欣赏活动中，再造与超越的意义是非常重大的，甚至可以说，没有再造，就没有欣赏。而欣赏，特别是最富审美意味的欣赏，恰恰是为了超越，为了在精神领域实现欣赏者自身的自由与价值。

第二节 审美趣味的差异性与共同性

审美趣味是指美的鉴赏中主体的某种爱好和情趣。康德在论述审美判断的普遍性时指出，人们在喜欢不喜欢喝哪一种酒的问题上，彼此都很谦虚，都尊重对方的爱好，不会因此而发生辩论。但在什么是美，什么是丑这一问题上，人们就会争论，坚持自己的看法而指责对方没有鉴赏力。因此，美的鉴赏一方面反映出个人有个人的爱好，谁也不能强迫谁；另一方面人们又认为审美判断有普遍必然性，不是仅仅由个人爱好所决定的。人们的审美趣味既存在着差异性，又有某种共同性。

一、审美趣味的差异性

审美趣味的差异性是指不同的审美主体，面对同一个审美对象，其审美判断所透露出来的情趣、爱好的不同。美学界比较一致的看法是把它归纳为阶级差异、民族差异、时代差异和个性差异。

审美趣味的阶级差异，是指阶级利益、阶级立场、阶级感情不同的审美主体，在趣味上表现出来的差别。比如梅花，古往今来，它是人们经常观赏、吟咏的对象。可是，不同阶级的成员所表现出的审美情趣就很不一样。林逋一生不做官，二十年没有到过城市，面对梅花，他唱出了“疏影横斜水清浅，暗香浮动月黄昏”那样幽冷凄峭、遗世独立的诗句。这里的梅花，是隐士的象征。陆游爱国，怀有抗金救国的宏愿而屡遭打击，常赋诗以排遣胸中的郁闷。“无意苦争春，一任群芳妒。零落成泥辗作尘，只有香如故。”他笔底下的梅花，透露的是一种低沉悲观而又洁身自好的封建士大夫的思想情感。不同于林逋、陆游，毛泽东赋于梅花以完全崭新的意义，“俏也不争春，只把春来报。待到山花烂漫时，她在丛中笑。”这里的梅花，正是坚定、乐观、对未来充满信心的当代革命家的形象。

审美趣味的时代差异不仅明显的表现于身材体态、衣着打扮等日常生活方面，如流传的“魏瘦唐肥”之说，尤其是那些处于不同生产力发展阶段上的人们，他们的审美趣味的差异性可以大得惊人。狩猎时期的原始部落，作为猎人的男性成员，总爱以兽皮遮盖自己的身体，把兽角顶在自己的头上，颈项上挂着兽爪和骨牙，嘴唇、鼻子、耳朵都插上羽毛，他们认为这很美。这在今天的人看来,是不可思议的。

任何民族都有自己独特的经济生活、文化传统和世代相袭的民族心理和民族习惯,因此,审美趣味存在民族差异。比如欣赏绘画,中华民族与西方民族就存在着明显的趣味差异。中国画的构图为"散点透视",整个画面没有固定的视点,立体感、真实感较差,但它可以突破时间空间的限制,可以出现"山外青山楼外楼"的景色,一年四季景色的变化可以尽收于同一画面,可以遗貌取神,化实为虚,利用空白造成联想,使无画处皆成妙境。这些,对习惯于欣赏焦点透视的画面,讲究真实感、立体感都很强的西方民族来说,是不可思议的。

由于事物普遍联系的复杂性,人类社会实践的丰富性,大量存在的是审美趣味的个性差异。这种个性差异,有的表现在对对象的形象的感知方面。如心理学家布洛通过他的实验指出,有的人对色彩没有好恶之感,所关心的只是颜色自身是否鲜明,是否饱和,是否纯粹。有的人则注意颜色对生理的影响,喜欢某种颜色是因为它温和,不喜欢某种颜色是因为它太刺激,令人头昏目眩。有的人见颜色则善于联想,见蓝色而联想到天空,见红色而联想到火,见青色而联想到草木,等等。有的人则视色彩为人的性格,红色活跃、豪爽,富于同情心;蓝色冷静、深沉,不轻易让旁人知道自己;黄色畅快却轻浮;青色古板、闲逸,带有几份中产阶级气派。这种人的审美能力最强。还有表现在对对象的内容的领悟方面的。同是观赏一部电影,饱经风霜的老人,朝气蓬勃的青年,烂漫天真的儿童,其审美感、审美趣味都会是不同的。

那么,为什么会出现审美趣味的差异性呢?

(1)审美趣味的差异性根源于美感的二重性。美感是主观直觉性和客观社会功利性的统一,即理性的东西表现在感性中间,社会的东西表现在个体中间,历史的东西表现在心理中间。因此,不仅没有足够的社会生活知识的小孩乃至原始人,都不能欣赏梅花,而且由于各人的社会经历不同,对于梅花的欣赏,就自然地表露出不同的审美趣味了。

(2)美的鉴赏以视、听两种感官为主,是一种不脱离感觉的以情感为中心的特殊的意识活动。不仅先天感官的健全与否,感受能力的强弱能影响美的鉴赏,而且由生理和社会等多种复杂因素造成的审美主体的千差万别的个性,也会给审美趣味留下深刻的印记。就以影响个性的气质来说,气质的生理基础是神经类型,气质是神经类型的心理表现。巴甫洛夫根据人的第一、第二信号系统的活动,把人类的神经类型区分为艺术型、思维型、中间型。艺术型乃第一信号系统占优势,感知事物形象鲜明、完整,情感发达,想象力丰富,作家、音乐家、画家属于艺术型。思想型是第二信号系统活动占优势,善于抽象思维和符号操作,科学家和哲学家属于思想型。中间型是两种信号系统互动互相均衡,现实中多数人属于中间型。这些属于先天素质的不同的神经类型,会按照自己的动力方式,渲染性格特征,从而使性格特征具有独特的个性色彩。此外,对个性形成起重要作用的还有来自后天的、以人类改造自然为核心内容辗转而成的种种社会条件,诸如经济制度、政治地位、家庭关系和学校教育等等。正如苏联著名心理学家阿·列昂捷夫所说:"个性的真正基础乃是主体的活动整体的特殊结构,这种结构是在主体同世界之间人的关系一定发展阶段上产生的。”由先天与后天、生理与社会等多种复杂因素造成的主体的个性特征千差万别,有的健谈,有的寡言,有的善于交际,想象力丰富,有的行为孤僻,思维愚钝,等等。这些都会影响人的审美趣味,造成审美趣味上的个性差异。

(3)同其他事物一样,审美对象也是处于事物的普遍联系中的一个环节,是多样性的统一。每个人在具体接触一个审美对象时,或者阅读小说,或者鉴赏名画,其选择、敏感、侧重、想象、情感反应、理解等等,也会有所不同。黑格尔说过:“同一句格言,从年轻人(即使他对这句格言理解得完全正确)的口中说出来时,总是没有那种在饱经风霜的成年人的智慧中所具有的意义和广袤性,后者能够表达出这句格言所包含的内容的全部力量。”对格言的理解尚且如此,对复杂的多样统一的审美对象的鉴赏,就更会出现分歧和差异了。

二、审美趣味的共同性

美的鉴赏中另一类常见的现象是审美趣味的共同性。不同的审美主体,对于同一个审美对象,可以产生近似的或者相同的审美判断。它包括:不同阶级、不同时代、不同民族的共同性,以及超越阶级、时代、民族之上的不同个体之间的共同性。

审美趣味的阶级共同性,不仅大量的表现于自然美的鉴赏,而且也表现于社会美和艺术美的鉴赏。如历史上剥削阶级的某些成员的进步业绩,包公、海瑞式的锄豪强、平冤狱,为民请命等正义行为,既为历代劳动人民所赞赏,也为历代封建地主阶级、资产阶级中的有识之士所称颂。艺术美如白居易的诗歌,千余年来,为不同阶级、阶层的人们吟颂、欣赏。元稹曾说过,当时“二十年间,禁省、观寺、邮候、墙壁之中无不书,王公、妾妇、牛童、马走之口无不道”。今天,生活在社会主义时代的人们,仍然可以表现出对白居易诗作的兴趣并发生共鸣。

审美趣味的时代共同性。如李白的《静夜思》:“床前明月光,疑是地上霜。举头望明月,低头思故乡。”由于它传达了不同时代的人们,在生活中都可以遇到的一时的片断感情——“望月思乡”,因此,千余年来,这首诗成了超越时代的脍炙人口的名作,它使不同时代的人都能感受到它的美。

审美趣味的民族共同性。如需要仔细品味方能获得佳趣的苏州古典园林,在美国、西欧等国家受到普遍的欢迎;李白杜甫的诗作,曹雪芹的《红楼梦》,在国外拥有广大的读者;鲁迅笔下的阿Q则几乎跑遍整个世界。与此同时,古希腊的雕塑,古罗马的建筑,达·芬奇的名画,莎士比亚的戏剧,贝多芬的音乐,在我们民族中也极受欢迎。审美趣味的民族共同性反映了不同民族之间,进行文化交流的可能性和现实性,它有利于审美领域的扩大和审美文化的发展。

审美趣味的共同性还表现为不同时代、不同民族、不同阶级的成员,面对同一个审美对象,特别是那些艺术杰作和秀丽的风光,都能感受到美。这里,审美趣味的共同性表现为一种超阶级、超时代、超民族性。黑格尔就曾指出过:“真正不朽的艺术作品当然是一切时代和一切民族所能共赏的。”古希腊艺术几千年来能跨越时代、地域,在不同的国度、不同的民族、不同的阶级成员中间发生共鸣,给人们以“艺术享受”,便是颇为典型的例子。至于自然美,因为它侧重形式,较少社会内容,所以欣赏起来,这种审美趣味的共同性表现得就更为明显了。

那么,为什么会出现审美趣味的共同性呢?

(1)发展着的人类社会实践内容的共同性,决定了审美趣味的共同性。社会实践的内容尽管事富、复杂,但人类社会的生产和再生产却是实践的基础,实践的基本内容。既要生产,第一,就必须现实地面对大自然,因为在生产中,“人和自然,是同时起作用的”。这里,起作用的,既有提供生活资料的天然资源,如肥沃的土地,千姿百态的鸟兽,丰富多彩的鱼类,等等,也有提供生产资料的天然资源,如五光十色的金属,给人光和热的太阳,等等。第二,同时也要现实地面对以生产关系为基础的众多的社会关系。这里,当然就不仅仅是阶级关系,还有民族关系、家庭关系、爱情关系、兄弟关系、亲子关系、朋友关系等等;阶级关系也是生产关系的派生物,有时间性,不是永恒的,而其他社会关系则有某种程度的永恒性。因此,由社会的物质生活资料的生产所引申出的上述两点内容,就决定了不同的审美主体,有着某些共同的生活对象,从而也有着某些为大家都感兴趣的美的自然事物和社会事物,以及反映这两方面内容的艺术作品,这样便容易产生审美趣味的共同性。如王维的《九月九日忆山东兄弟》:“独在异乡为异客,每逢佳节倍思亲。遥知兄弟登高处,遍插茱萸少一人。”把人们普遍都能感受的兄弟之间的手足之情,通过佳节思亲这一环节作了高度的艺术概括。所以,千百年来,当人们作客他乡肘,都能共同地感受到这首抒情小诗的美的魅力。

(2)由于人类社会实践的基本内容——物质生活资料的生产不能中断,人类社会的发展必定是在继承前代文明的基础上实现的。这种继承中的发展、发展中的继承关系,使新一代的物质文明和精神文明,与上一时代相比,总会有某些联系、相同、相通之处。这样,人们便可以鉴赏作为上一个时代的人的本质力量的反映的美的事物。许多表现爱国主义、正义战胜邪恶以及反映了具有普遍意义的生活哲理的艺术作品,之所以具有永久的魅力,其根本原因就在这里。比如王之涣的《登鹳雀楼》,“白日依山尽,黄河人海流。欲穷千里目,更上一层楼。”诗歌以极其质朴、极其浅显的语言,通过登楼观景过程的描写,向人们展示了一个含意深远、永远值得寻味的生活哲理:只有站得高,才能看得远。这样的生活哲理,可以说是全人类的“永恒”真理,它可以渗透在不同时代、不同民族的人们的心坎里。王之涣的这首小诗也因此成为千古传颂的佳作。

此外,社会生产的连续不断还决定了“人民”是一个相当深刻广阔的历史概念。不同的审美主体,在相当广阔的时间和空间范围内,都属于“人民”的范畴。同属于“人民”范畴的不同的审美主体,虽然有阶级、阶层之分,甚至还会有各种各样的矛盾和斗争,但在经济利益、政治态度、伦理道德、甚至理想和愿望等方面,都会有某些一致性的地方,如要求大幅度的发展社会生产，改善物质生活，保卫祖国河山，抗击外国侵略者的挑衅，主张正义反对邪恶，等等。即使是剥削阶级，在它的上升时期，还是生机勃勃的，他们的活动与社会历史发展的前进方向，他们的利益同人民群众的利益，都会有某种一致性。这一切，不仅仅会渗透到他们的物质财富的创造中去，而且会渗透到他们对美的鉴赏中去，从而产生审美趣味的共同性。

(3)审美主体的生理、心理方面的原因。由于人们感受外物刺激和形成主观反映的生理器官、生理机制是基本相同的，从而人们的心理结构和心理活动的规律，便会有或多或少、这样那样的共同之处。在社会实践的基本内容制约下，作为特殊而又复杂的心理现象的美的鉴赏活动，在正常的不同的审美主体身上，也就会体现出某些趣味上的共同性。

由生理、心理的原因导致审美趣味的共同性，尤其凸出地反映在对节奏、均衡、对称、和谐、多样统一等形式美的鉴赏方面。因为相对来说，对形式美的鉴赏，生理心理方面的感受更为明显。体谟说过："自然本性在心的情感方面比在身体的大多数感觉方面还更趋一致，使人与人在内心部分还比在外在部分显出更接近的类似。"

就拿节奏来说，正像对立统一规律是宇宙间的根本法则一样，宇宙中的任何事物，从自然界到人类，从物理现象到社会现象，都存在着节奏。人本身就是一个"被节奏贯穿的系统"。心脏在不停地有节律地跳动，肌肉收缩后又放松，气血运行就像日出日落、月圆月缺那样有兴有衰，等等。正是人的机体具备节奏性变化，它才可以与外部环境形成最协调、最合理的相互关系。当人们的感官接触到有节奏感的审美对象时，就可能自然地发生契合、共鸣。"人用他的感觉器官和运动器官去应付审美对象时，如果对象所表现的节奏符合生理的自然节奏，人就感到和谐和愉快，否则就感到'拗'或'失调'，就不愉快。"正是人们之间大致相同的生理结构，决定了他们对形式美的欣赏会保持大致相同的审美趣味。许多西方画家并不识读中国汉字，尤其不辨张旭那样的狂草，是无法从内容方面去欣赏中国书法的。但张旭狂草中那龙飞凤舞的笔姿，行云流水的线条，疏密浓淡的章法，抑扬顿挫的节奏，却一样地使他们欣喜、倾倒，获得强烈的视觉上的审美享受。又如白居易的《暮江吟》："一道残阳铺水中，半江瑟瑟半江红。可怜九月初三夜，露似真珠月似弓。"这是一幅由美丽的线条和柔和的色彩交织而成的秋江薄暮夜月图。人们欣赏它，也主要是欣赏它的形式美、线条美、色彩美和轻音乐似的节奏美。不同阶级、不同时代、甚至不同民族的成员，都可以通过吟诵、玩味这首抒情小诗，获得自然、清新、宁静、和谐的美感，而完全不必去追索这首诗的创作背景。

作为分析，以上对审美趣味的差异性和共同性，分别作了描述，并初步探讨了它们的根源。其实，差异性与共同性是联结在一起的。产生差异性与共同性的社会的、生理的、心理的根源，就活生生的出现在同一个主体上，每个审美主体都是共性与个性的统一，因此，差异性中有共同性，共同性伴随着差异性，既不能强调差异性而否认共同性，也不能用共同性而否认者异性，不能人为地把两者割裂开来。

第三节 审美判断的标准

审美是以个人爱好和趣味为出发点的。在现实的审美活动中，面对不同类型的审美对象，是否喜欢或感觉美不美，每个人都会有自己的反应与感受，这实际就是一种审美判断。

因此，从概念界定来说，所谓审美判断，就是指审美主体进行审美活动时所具有的特定心理感受与评判过程。

审美既然是以情感愉悦和趣味满足为特点的感性活动，而不是理智的概念活动，那么，为什么审美又成了一种“判断”呢？这里便体现了审美判断的独特性。具体来讲，审美判断的独特规定性包含有下述几方面。

(1)所谓“判断”，在这里是指审美要求有一种人人都共同承认的普遍必然的有效性质。一般说来，审美趣味、快感往往因人而异。可是，“尽管趣味仿佛是变化多端，难以捉摸，终归还有些普遍性的褒贬原则；这些原则对一切人类的心灵感受所起的作用是经过仔细探索可以找到的”。康德便认为，审美虽然是感性的、个体的和主观的，“但是如果他把某一事物称作美，这时他就假定别人也同样感到这种愉快，他不仅仅是为自己这样判断着，他也是为每个人这样判断着，并且他谈及美时，好像它(这美)是事物的一个属性”。这就是说，审美判断同样也要求具有如同逻辑判断那样的普遍必然性，对每个人都有效。欣赏黄山，有人觉得它奇巧，有人觉得它奇险、奇幻，也有人觉得它奇怪、奇趣，具体感受虽然各异，但在肯定它作为自然美对象、获得审美愉快方面，却又是人人共同的。这种共同的看法，就是审美判断的普遍有效性；它所起到的作用，正像符合理性认识的规则所起的作用一样。

(2)审美判断的内涵还表明，审美感受或审美愉快不同于吃食物时的那种生理快感(反应)，它不是一种被动的心理产物与心理过程，而是主体主动进行的心理活动。所以，康德认为，愉快在先还是判断在先，是美感与快感区别的关键。由愉快而判断对象乃是生理快感，只有由人的各种心理功能协调和谐(“判断”)而生愉快，才是美感。由此可见，审美判断不是某种单一或单纯的感知反应，它作为一种积极的心理活动过程，其中包括了主体感知、想象、理解、情感多种因素的交错融合。也就是说，审美愉快之所以产生，是由于审美活动中主体各种心理功能相互作用、交互融合的结果。在这个意义上，审美判断不是被动的静观，而是一种主观的介入和积极的评判。19 世纪法国艺术家罗丹的雕塑作品《欧米哀尔》，塑造了一个年老色衰、无比丑陋的老妓女形象。面对这一作品，欣赏者会感到巨大的心灵震撼，并由此想象和思考是何种原因导致这一女性形象的悲惨结局，进而激发起一种既有同情、怜悯，又有悲愤的复杂情感。而当人们再一次从这一形象中判断出人的不幸与沧桑变迁时，便会从内心深处涌上无穷的感慨和沉思，欣赏者虽然经历了复杂的心理体验，却获得了一种心理的协调功能。难怪法国著名艺术评论家戈赛尔对此会发出如此的惊叹:“啊! 丑得如此精美!”显然,如果以单一的生理感受去评判,这部作品就很难进入人的接受视野。

(3)由于审美对象不仅具有感性生动的形式,而且有着内在的本质和一定生活内容,所以,审美判断不能单靠主体的视、听等感觉活动,而必须同时以理性认识和思维活动去进行体验和品味,才能把握审美对象的本质与内容。“在对世界的审美掌握中,理智起很大作用……如果一个人不理解某种生活现象或艺术作品,那么对它的审美关系就不会发生,或者形成歪曲的审美感知。”不过,应该看到,审美判断中的这种理性因素,不同于一般逻辑判断中的理性。逻辑判断中的理性认识虽然也要依赖感性认识,是从大量感性认识中抽象出来的概念、判断和推理,但逻辑判断过程本身排斥一切感性的知觉、表象等因素。而审美判断中的理性却不仅不排斥知觉、表象等感性因素,相反它存在于知觉、表象等感性认识之中。所以,审美判断中的判断与理性把握,不是抽象的概念和逻辑推理,它本身就体现在对感性的审美对象的品评与体验上。而审美判断作为品评,一方面可以不脱离具体可感的对象,另一方面又存在于比较、推敲、揣摩的品味和品鉴之中,它必然是一种包含着理性思维活动的评价和情感体验。所以,“美感既是感性的,又是超感性的,它们是在个体的感性中积淀着社会的理性。关键在于,这理性不是来自知性的逻辑,如康德所指出,它是来自人的各种心理功能的协合活动的结果”。正如盐溶于水,水有咸味却又看不见盐一样,审美判断溶解于具体、生动的审美对象之中,既不脱离和抛弃感性形象,却能给人以精神上的理解和自由的欣喜与快慰,这正是审美判断的内在规定与特征。“美是那不凭概念而普遍令人愉快的”。这里,康德其实已是明确指出了审美判断与逻辑判断的根本区别。一句话,审美判断就是理解之后的主体感觉、品味与体验,它在感性形式与趣味满足中包含着理性认识的内容。

一、审美判断的主观性

审美判断遵循情感逻辑,因而,它又带有强烈的感情色彩。在审美判断中,存在着极大的主观性与差异性,它深受审美主体个人气质、趣味、心境的影响。

1. 个人气质

气质,是人心理活动方面特征的总和,是人最典型最稳固的心理特征。在审美主体的审美心理结构中,气质是审美心理结构的先天基质。在审美活动中,它是影响审美判断的重要的主观因素之一。

气质是一个古老的概念。公元前 5 世纪的古希腊著名医生希波克拉特认为人体内有四种体液:血液、粘液、黄胆汁和黑胆汁。四种体液在人体内所占优势不同,就形成了气质的四种类型:多血质、胆汁质、粘液质和抑郁质。不同类型气质的人有不同的性格特征。多血质者活泼、好动、反应迅速、兴趣易变,胆汁质者直率、热情、精力旺盛、易于冲动,粘液质者安静、稳重、反应缓慢、注意稳定,抑郁质者孤癖、细心、行动迟缓、体验深刻。中国古代的孔子,也对人的气质作过分类,他将人的气质分为三类“中行”“狂”“狷”这三种不同类型气质的人,有不同的性格特征。“狂者进取”“志大言大”,言行强烈而外露,进取心强;“狷者有所不为”“有所谨畏”,言行拘谨,软弱消极;“中行者”“依中庸而行",处世四平八稳,介于“狂”“狷”二者之间。尽管希波克拉特和孔子没有将不同类型气质的人和审美判断联系起来加以考察,但却为我们的这种考察提供了启发和依据。

海涅在《论德国》中作了初步的尝试。他认为柏拉图和亚里士多德不同的美学观,不同的思想体系和他们不同的性格类型有关。他说:“柏拉图和亚里士多德这并不仅仅是两种思想体系,他们也是人类两种截然不同的性格类型,……热情的,神秘的柏拉图式的性格从基督徒无底深渊般的灵魂中显示出基督教观念和与这些观念相应的象征物。实用的,有序化的亚里士多德式的性格则从这些观念和象征物中建立起一个坚固的体系,一种教义和一种崇拜对象。”他们这种不同的性格类型影响着他们的审美判断以及他们对美的本质的看法。

将气质性格和审美判断直接联系起来加以考察,并作出充分论证的是瑞士分析心理学家荣格。荣格的思想非常复杂,在他的思想体系中,真理与荒谬,正确与错误,真知灼见与神秘玄想互相掺杂。但他从心理类型学的角度对审美判断所作出的研究,是很有价值的。荣格认为,在人类心理的许多个体差异中间,还存在着类型的差异,即有内倾型与外倾型之分。内倾型对待客体的态度是一种抽象的态度,外倾型却对客体保持着一种过分信赖的关系。在思维方面,外倾型思维主要倾向于客体和客观事物,内倾型思维主要定向于主观因素。在情感方面,外倾型情感受到客观事件的约束,内倾型情感主要受主观因素所决定。在感觉方面,外倾型明显受到客体的限制,虽然也依赖于主体,但其结果“是主体对客体的明显的感性把握”;内倾型明显受到主体的影响,虽然也依赖于客体,但在根本上是“主体把他的主观意向直接地投入到客体的刺激中去”。在审美判断中,外倾型主要是发挥“移情作用”“主体进入了客体之中”,内倾型主要是发挥“抽象作用”“主体从客体中退回”。审美判断,在很大程度上受到审美主体个人气质的影响。比如对自然美的欣赏,内倾型的人可能偏好青翠的松柏,外倾型的人可能更喜欢飘逸的杨柳。即使同时欣赏松柏,内倾型的人可能从松柏身上觉察出其坚毅的品格,重在“比德”,外倾型的人可能从茂盛的枝叶上看到感情的飘动,重在“愉情”。欣赏艺术作品,内倾型的人更多地发掘作品的内在意蕴,外倾型的人更注意研究作品的外在形式,从而形成艺术作品审美判断的差异性。值得注意的是,气质虽有类型之别,但却没有好坏之分。据研究,俄国四位著名作家是四种气质的代表,普希金具有明显的胆汁质特征,赫尔岑具有多血质的特征,克雷洛夫属于粘液质,果戈理属于抑郁质。类型不同,并不影响他们的文学成就,但却影响他们的审美判断,影响他们特定艺术风格的形成。普希金直率、热情、易于冲动的气质,在一定程度上影响了他那明快、清新、热情的诗歌风格的形成。赫尔岑那诗意的抒情、轻松的谐趣、金刚怒目式的夸张的艺术风格,与他那活泼、好动、反应迅速、兴趣易变的性格也有一定联系。果戈理气质上的孤癖、细心、体验深刻与艺术上的“含泪的笑”、喜剧中的悲剧风格似乎有着直接的联系。气质是影响他们审美判断和艺术风格形成的一个重要因素,但并非唯一因素。不承认气质对审美判断的影响与过分夸大气质对审美判断的影响,都是很不科学的。

2. 个人趣味

趣味,从客体方面说,本指使人感到有意思,有吸引力的特征。从主体方面看,趣味是个人的兴趣爱好。在审美活动中,审美主体不同的趣味影响着对审美对象的取舍和评价。

不同的人,有着不同的审美趣味,表现在对审美对象的选择上,不同的人有个人的独特嗜好和偏爱。有人喜爱疾雷闪电,高山大海的壮阔景象;有人喜欢清风徐来,垂杨绿柳的优美景色。北方人爱看京剧,四川人爱看川剧。表现在对审美对象的评价上,不同的人有个人的独立见解和差异,“你认为好的,我不一定认为好”。从这个意义上说,趣味是无可争辩的。

审美趣味的形成,受社会和个人因素的双重影响。其中,个人的经历是主要的,尤其是童年时期的经历。当一个人还处在襁褓时代,从母亲的摇篮歌和催眠曲中已开始接受美的浸染;稍后,在夏夜的星空下,出神地听老祖母讲故事,唤醒了他(她)对世界的好奇心,从而第一次张开了认识世界的眼睛。这些是最初的审美活动,在表面看来是无关紧要的,但对一个人审美趣味的形成却有很大的影响。据有关学者研究,普希金的保姆,高尔基的外祖母对他们审美趣味的形成产生了不可低估的影响。苏联著名学家阿·布洛夫指出:“教育者和父母在儿童发育的这段时间中,必须特别关心审美信息的性质,儿童接受这种信息,有时会铭记终生。不管怎样,幼年时期所获得的,同所读的第一本书,所听到的第一个故事或所看懂的第一部影片有关的最深刻的审美印象,会对人的审美趣味产生最有力的影响,以某种方式培养人。”

审美趣味,虽不能强求一律,但却有高下之分,好坏之别。高级的审美趣味,不仅有利于培养人的良好品质,而且还是正确地进行审美判断的基础;低级的审美趣味,不仅有害于人的身心健康,而且还会影响到审美观的正确性。如对维纳斯的审美判断,高级审美趣味的人,看到她充满了生命的律动与青春的活力,认为她是一件美好的艺术品;低级审美趣味的人,可能把她当作一种取乐的对象。因此,培养良好的审美趣味非常必要。“良好的审美趣味意味着有能力从真正美好的东西中得到享受,意味着需要从劳动,日常生活,人的行为以及艺术中去理解和创造美好的东西”,并做到审美判断与审美对象审美价值的相符。

3. 个人心境

心境,是一种比较微弱,平静而持久的情绪状态。在审美活动中,审美主体的不同心境直接影响到审美对象的认识评价程度及其性质。

中国古代,一些美学家就已注意到了心境对审美判断的影响。荀子指出:“心忧恐,则口衔刍豢而不知其味,耳听钟鼓而不知其声,目视黼黻而不知其状,轻暖平簟而体不知其安。

故向（享）万物之美而不能唏（慊）也，假而得间而唏之，则不能离也，故向万物之美而盛忧。”这说明，心境不好，情绪忧愁恐惧，面对美的事物也感不到美，或者感到的美与实际不一致，导致了对美的错误判断。相反，心境好，情绪处于欣喜愉悦之中，也会面对万物而盛喜。看山，山起舞；看水，水欢笑。甚至不很美的事物，由于审美者的心境好，以肯定的眼光去看待，它也会变得其美无比。为什么不同的心境会导致审美判断的失误呢？这是因为，审美主体受不同心境的影响，对审美对象的形象外貌和形象性质给予了“改造”，使审美对象的外貌和性质与自身发生了“偏离”。所以，要正确地进行审美活动，达到对审美对象的正确判断，首先必须具有良好的心理状态，即要“涤除玄监”“澡雪精神”，切断日常意识，进入审美状态。

在影响审美判断的主观要素中，气质有较强的稳固性，一般不易改变，所谓“江山易改，本性难移”，即指气质稳固难变。当然，气质也并非铁板一块，只是改变的难度大些，并非一点无法改变。趣味虽与先天性有一定关系，但主要是在后天形成的。一种趣味形成以后，也会随审美主体生活环境的变化和文化修养的提高而得到改变。心境尽管也有一定持续性，但与气质和趣味相比，它却是极易变化的。当引起某种心境的对象换成另一对象时，心境也会随之而变。所以，同一个人看同一事物，有时会觉得美，有时会觉得不美。

二、审美判断的客观性

审美判断是审美主体对审美对象的主观评价，具有极强的主观性，极大的差异性。但是，当我们将审美判断和审美意识与人类的社会实践活动联系起来考察时，我们又发现，审美判断也并非天马行空，任意驰骋，它总与一定时代的社会实践有着较为直接的联系，总受着一些客观因素的制约。

1. 时代精神

每一时代的时代精神，作为该时代思想意识的总和，总会自觉不自觉地渗透于人们的审美意识中，影响着人们对客观事物的认识和评价。从而使人们的审美判断带上了鲜明的时代印记。

车尔尼雪夫斯基认为，美随着时代向前发展，“每一代的美都是而且也应该是为那一代而存在”。从客观方面看，美是流动的，发展的，而不是凝固的，停滞的，一代人有一代人的美；从主观方面看，人们的审美认识和评价标准也是流动的，发展的，而不是凝固的，静止的，一代人有一代人的审美标准。普列汉诺夫指出的狩猎时期的原始人生活在鲜花丛中而不知鲜花为美，不用鲜花装饰自己，他们却以动物为美，用动物的爪牙来装饰自己；进入农耕时代又以植物为美，他们用植物装饰自己。这说明，人们的审美意识，对客观事物的审美评价，是随时代向前发展的，具有鲜明的时代性。审美判断的时代性，反映在审美创造中，就形成了审美创造的时代特点，如艺术创造中的时代风格。中国文学史上的“汉魏风骨”“盛唐气象”就是审美判断时代性在艺术创造中的具体体现。审美判断的时代性，反映在审美欣赏中，就形成了审美判断标准的时代色彩。同一个审美对象,在不同时代,有不同的审美评价,如维纳斯在不同时代所受到的不同“待遇”。“在古希腊人看来,美是造型艺术最高的法律。”维纳斯这位司春女神,作为美的对象,在古希腊造型艺术中得到了表现。维纳斯在古希腊人眼中是其美无比的,值得尊敬的。用屠格涅夫的话说是“不容怀疑”的。但是,在中世纪,维纳斯遭到了“怀疑”,被人们视为女妖而逐出审美领域。在1820年,维纳斯被重新发掘出来以后,作为人们的审美对象受到了广大人民群众的热烈欢迎。法国当年得到此雕像时,全国上下一片欢腾,卢浮宫将她列为首席艺术珍品,奉为镇馆之宝。屠格涅夫说她“比1879年的原则更不容怀疑”。从维纳斯所经历的“不容怀疑——怀疑——不容怀疑”过程,说明人们的审美判断虽是以主观的形式表现出来的,但却不能摆脱时代性的制约而独立。维纳斯在古希腊的“不容怀疑”,是因为在古希腊时代,人们十分重视军事和体育活动,以完美健壮的体格为荣。对人自身强健体魄和创造力的颂扬,是古希腊的时代精神。这种时代精神决定了人们对维纳斯塑像审美判断的“不容怀疑”。维纳斯在中世纪被“怀疑”,也和中世纪提倡神性,反对人性,提倡禁欲主义,反对世俗审美享受的时代意识紧密相关。维纳斯在19世纪初期重新出现并再次处于“不容怀疑”的地位,是因为18世纪后期的法国资产阶级革命阳光驱散了中世纪的黑雾,提倡天赋人权,强调“任何政治结合的目的都在于保存人的自然的和不可动摇的权利”,从而在18世纪末和19世纪初形成了尊重人权的时代意识。“弥罗岛的维纳斯在新欧洲就变得愈是‘不容怀疑’了。”

2. 历史意识

一方面,审美判断得受时代精神的影响,具有鲜明的时代特征;另一方面,审美判断又受历史意识的束缚,具有历史的延续性。

马克思主义认为,任何创造,任何思想观点,虽是特定时代的产物,但也不是任何人凭空创造的,它有其历史继承性,“都具有由它的先驱者传给它便由此出发的特定的思想资料为前提”。审美判断,一方面随时代的发展而发展,是特定时代的产物,有不同于其他时代的特色;另一方面,它仍然是以它的先驱者们传给它的“特定的思想资料为前提”的。各个时代人们对客观事物的审美认识和评价,又不是孤立的,互不相干的,它们之间有着千丝万缕的联系。前代人的审美意识总是给后代人的审美判断以巨大影响,在后代人的审美判断中得到复现。审美判断的历史性,反映在审美创造中,就是审美创造的历史继承性,如前代作家的思想内容、创作技巧对后代人的启发;反映在审美判断中,就是审美判断标准的历史继承性,如今天提倡的思想性和艺术性相统一的艺术批评标准,是对孔子提倡的“尽善”“尽美”标准的继承和发展,它具有历史的延续性。

3. 文化积淀

人类社会实践的历史,同时也是人类文化积淀的历史。文化积淀,建构了人类共同的审美心理结构和审美意识,形成了人类审美评价标准的共同性。

马克思在《<政治经济学批判>导言》中谈到物质生产与艺术生产不平衡关系时说，人类童年时期产生的希腊神话，具有“永久的魔力”，至今“能够给我们以艺术享受”。其根本原因在哪里呢？首先在于，回忆童年是令人愉快的。“一个成人不能再变成儿童，否则就变得稚气了。但是，儿童的天真不使他感到愉快吗？”神话使人类看到了自己的童年，享受到了人类童年的天真和稚趣。而这种天真和稚趣“决非少年以至老年所能有”。其次在于，神话作为一种文化积淀物保存到人类意识中。“神话批评”认为，不同时代的人都对神话产生兴趣。其原因在于，原始神话和宗教仪式超越了时空限制，成为人类的一种心理积淀物渗透到了民族成员的心理深层，成为民族的“集体无意识”被保存下来。在审美创造中，这种“无意识”在作家、艺术家的创作中便会不知不觉地表现出来。“神话批评”学派的这种观点，其谬误之处是显而易见的，它忽视了社会发展变化对民族心理的影响，无视同一民族内部不同阶级，不同阶层人们审美心理的差异，更没有看到文学家的个性气质与艺术作品的关系。但是，它所揭示的文学上的相同或相似的心理现象和人类学现象，对我们研究美感共同性，审美判断标准的相似性很有启发。从马克思主义的实践观点看，人们对作为历史陈迹的神话仍然产生美感，仍然作出美的评价，其秘密在于，人类最初的历史实践的相似性，建构了共同的审美心理结构。这种审美心理结构具有内在的普遍性，共同性。因此，今天的人们仍能对作为历史陈迹的神话产生美感，作出美的判断。换句话说，人们对客观事物的审美判断，虽然都带有独特的个性，但这独特个性中，又积淀着人类审美意识的普遍性，共同性。否则，这具有独特个性的审美判断就不会被人们承认，也不会具有普遍意义。

4. 地理环境

不同审美意识的形成，还受着特定地理条件的影响。地理环境，经济生活，文化传统，是审美意识民族性的三块重要基石。因此，人们对客观事物的审美认识和评价，同样具有一定的地方性，带着一定的地域色彩。

“一个民族的文化心理气质并不能完全归咎于它所处的地理环境，但地理环境肯定是我们理解这种心理气质的成因的第一个出发点。”中西不同审美意识的起因，无疑与中国和希腊不同的地理环境有关。中华民族的摇篮是黄河流域的黄土高原，希腊民族则自称为“海的女儿”。作为“黄土”的后代，中华民族把黄土看成是民族的母亲，人首先生于土，最终归于土。中华民族的文化意识与审美意识也与黄土相连。在古代神话中，中国人是女娲抟黄土而成；在中国古代人眼里，“天圆地方”，整个世界都以土地为中心；在历代文学艺术作品中，土地和生长在土地上的农民，都是被状写和讴歌的主要对象。人们把中华文化称之为“黄色文明”，这不是没有道理的。作为“海的女儿”的希腊民族，认为海神夫妇是“万物之父”“万物的始基是水”。在古希腊神话中，人的活动大都围绕着海展开，海洋就是希腊人的家。在希腊人眼里，地中海处于世界的中心，大地就像一个漂在水上的圆盘；在历代文学艺术作品中，海洋和人们与海洋有关的活动，也是被状写和礼赞的对象。人们把西方文化称为“蓝色文明”，同样是有道理的。当然，以“蓝色文明”贬低乃至否定“黄色文明”又是幼稚可笑的，极其错误的。

地理环境对审美意识和审美认识的影响，受到了许多美学家的关注，并从理论上得到论证。斯达尔夫人对文学的审美判断，其重点是放在"社会环境"，即地理、气候、民族特性上的。丹纳则更进一步将斯达尔夫人的观点系统化、完整化了。丹纳对文学的审美判断建立于"种族""环境""时代"三块基石上，认为人的审美意识、文学风格的形成主要受这三种因素的影响。丹纳的失误不在于他从"地理环境"出发去看待人类审美意识和文学现象，而在于将"地理环境"的作用强调到了不适当的程度，将复杂的社会原因简单化了。马克思主义认为，经济基础是审美意识和审美心理形成和发展的最后决定因素。但是，自然条件，地理环境的因素仍不可忽视。马克思在《资本论》中指出："如果撇开社会生产方式，那么劳动生产率就取决于劳动借以进行的自然条件。这一条件或者可以归结为人自身的本性，他的人种等等，或都可以归结为他的环境的性质。"马克思的论述，对我们研究自然条件与审美意识的关系很有启发。如果撇开经济基础，人们审美意识和审美评价标准的形成，也可以归结为他所处的环境的性质。久居盆地中的四川人，在对客观事物的审美评价上往往表现出一种"盆地意识"，当他们面对那辽阔无边的草原时，面对那碧波万顷的大海时，他们表现出一种惊讶、好奇。同时，他们对草原人民那粗犷的性格，对大海渔民那强悍的精神，以及描写他们生活、习俗的艺术作品，也表现出一种不可理解。生长在黄土地上的中国人，美善同源思想铸造了他们温柔敦厚的思想个性和古朴含蓄的审美情趣，当他们开始面对西方的裸体艺术时，也表现出一种隔膜的抑揄和判断的失误。可见，每个民族的审美意识和审美判断标准，都是和一定的地理环境相关的。正因为如此，人们才格外强调审美创造的民族性，地方性。鲁迅先生指出："现存的世界，环境不同，艺术上也必须有地方色彩，庶不至于千篇一律。"

影响审美判断的四种客观因素，时代精神、地理环境的作用是直接的、明显的，历史意识、文化积淀的作用是间接的、潜在的。但是，四种因素的作用不是孤立的，而是协同的，它们的形成一种平行四边形的合力而作用于审美判断。

思考题

1. 美的欣赏一般过程包括那几个层次？
2. 怎样理解审美趣味的个性差异？
3. 应该从那几个方面把握审美标准？

第六章　美感心理要素

审美意识作为广义的美感，包括了审美意识活动的各种表现形态、各种审美形式。但是，审美意识的最基本最主要的形式，则是审美感受（或称审美情感），即狭义的美感。审美感受是其他审美反映形式的基础。不但像人们的审美理想、审美趣味等等，是直接在大量的审美感受的基础上经过逐渐概括和集中而形成的，就是文艺批评、艺术理论也与人们对一定的艺术作品的审美感受有关，经常是对这种审美感受的理论分析和说明论证。所以，审美意识区别于其他社会意识的本质特征，主要是由审美感受的本质特征所规定和制约的。对审美意识的反映特征和心理形式的研究，可以说主要是对审美感受的研究。

审美感受是一种由审美对象所引起的复杂的心理活动和心理过程。在这个过程中，不仅由于审美主体的各种复杂的心理因素以及它们之间的相互作用，而且也由于审美主体本身受着种种个体的特殊条件（例如生活经验、世界观、心理特征的个性等等）所制约，因此这种心理活动的结果，便不是客观事物简单的、机械的复写和模拟。

关于审美感受中的各种心理因素、心理过程以及它们之间的复杂联系，限于心理学的科学发展水平，现在还很难作出十分严格的科学分析和论证。一般说来，可以肯定的是，感觉、知觉、想象、情感和思维，是审美感受中不可缺少的几种基本心理因素。

第一节　感觉、知觉与想象

一、感觉、知觉

1. 感觉

审美感受产生于审美主体与审美对象的相互作用中。因此，首先要考察审美主体通过什么来与审美客体发生联系。

我们知道，感觉是人的一切认识活动的基础，是客观事物在人的头脑中的主观映象。客观事物自身具有多种多样的感性状貌，如各种色彩、声音、形状、硬度、温度等。感觉就是对事物的这些个别属性的反映。列宁说:“不通过感觉,我们就不能知道物质的任何形式,也不能知道运动的任何形式。”审美感受和其他形式的认识活动一样,必须以对审美对象的感觉为基础。只有通过感觉,审美主体把握了审美对象的各种感性状貌,才可能引起审美感受。审美感受中其他一切更高级、更复杂的心理现象,如知觉、想象、情感、思维等,都是在通过感觉所获得的感性材料的基础上产生的。

关于感觉在美感中所占的地位,美学家们有很大的争论。快乐派的美学(如格兰·阿伦、马歇尔等人)比较强调感觉的苦乐因素在美感中的作用。形式派(如洛絮·佛莱)则坚决否认这点。实际上,感觉因素在审美感受中能起一定作用,这种作用与生理快感的关系比较密切。实验美学的材料证明,对单纯颜色可以有快或不快的不同感觉,如红色与绿色对视神经的刺激反应便很不一样,并随年龄、性别等等而有所差异。这些无疑在审美中将起一定作用。所以,应该承认审美感受的愉快与生理快感有一定的联系。对生理结构的适应满足与对社会需要的精神享受可以有内在的相互渗透和联系。日常语言中审美愉快与生理快感就经常彼此交错,混为一谈(美味、美食),也反映了这一点。所以完全否认感觉生理因素在美感中的作用,像黑格尔那样纯粹用理性原则来解释感觉,连单纯音调的美也完全归结为整齐统一的理智认识,倒是一种轻视感性的唯心主义的偏见。

感觉所具有的生理快感虽然和美感有一定的联系,但是不能过分夸大这一联系。感觉的生理快感因素在美感中的作用是相当次要的。即使同一对象(如色彩)所引起的愉快,也应慎重地区别其中的快感和美感的不同因素。在审美中,某种质料(如木、石、水墨、水彩)所以具有不同的感觉特色,并不是单纯的生理感受所造成的。

在各种感官中,主要是视、听两种器官发展成为审美的官能。从这里可以看出审美活动具有不同于低级生理感觉的理性性质。心理学证明,光有视觉、听觉而失去触觉、味觉(特别是触觉)时,对象似乎是一种只可理解而不能肯定的虚幻的存在,即缺乏一种对世界的最直接的感性经验的确证(儿童最初是以触觉来感知和认识世界的)。但如光有触、味、嗅觉而失去视、听(特别是视觉),如果不凭借教育(思想语言)的帮助,对象则变得混浊一片而不可理解了。车尔尼雪夫斯基说:“视觉不仅是眼睛的事情,谁都知道,理智的记忆和思考总是伴随着视觉,而思考则总是以实体来填补呈现在眼前的空洞的形式。人看见运动的事物,虽则眼睛本身是看不见运动的;人看见远处的事物,虽则眼睛本身看不见远处;同样,人看见实体的事物,而眼睛看到的只是事物的空洞的、非实体的、抽象的外表。”触、味、嗅觉感受的对象范围较狭小,往往引起直接的生理反应,更多地与对世界的感性认识有关,而视觉、听觉的感受范围则更为广泛,有着更大概括的可能,从而更多地与对世界的理性认识有关,与人的高级心理、精神活动有关,它们具有更多的理解的功能,具有更明显的社会特点,更善于去把握、反映客观世界的本质,以达到更深入的认识。因此,视觉、听觉就成为审美感受的两种主要官能,形成为“感受音乐的耳朵、感受形式美的眼睛”。

虽然视听感觉是审美中最主要的，但其他的感觉和分析器官也仍然具有一定的作用。例如，在欣赏自然风景时的嗅觉、温觉，在欣赏雕塑绘画时的触觉分析器官，等等，便仍在不自觉中起作用。此外，其他感觉在视觉、听觉的帮助下，也可以形成审美感受。例如，对家乡泉水的品尝、将母亲厨艺的怀念，都是在视听感觉和想象、理解的帮助下，得以产生的某种审美感受。

在反映事物个别特性的感觉的基础上，形成了人们对现实中客观事物、对象和现象的知觉。知觉的主要特点在于，它不只是反映事物的个别特性和属性，而是把感觉的材料联合为完整的形象。知觉以感觉为基础。要知觉一朵红花，必须首先感觉到花的颜色和形状、姿态等个别特征，感觉到的客观事物的个别特征愈丰富，对该事物的知觉也就愈完整。

2. 知觉

人的审美感受，总要以知觉的形式反映客观事物。也就是说，客观事物是作为整体反映在审美主体意识之中的。人通过大脑的作用，依靠多种分析器的共同参与，才能够反映客观对象多种多样的特征和属性，并产生综合的、完整的知觉。不仅在欣赏某些艺术作品时是如此，就是在欣赏自然风景时，也往往需要多种分析器的联合活动。在文学作品的欣赏中，虽然对文字的视知觉所占的地位并不重要，但是文学形象所激起的美感，却是建筑在回忆的表象的基础之上的，而表象实质上又是知觉在记忆中概括的保留和复现。因此，在这个意义上说，审美感受始终脱离不开知觉因素。

人的知觉，是在社会条件的直接作用和影响之下形成的。在某种程度上，知觉需要由以往的知识、经验来补充。人们过去的经验所形成的暂时联系，在对当前的刺激物的分析综合的心理活动中起着重要作用，它影响着知觉的内容。没有过去的经验，对客观对象的感觉便很难构成完整的知觉。主体的经验、知识、兴趣、需要对知觉都有或大或小的作用和影响。不同的人对于同一对象的知觉往往是不同的，甚至同一个人在不同时间地点的条件下，由于主观情绪状态的差异变化，对于同一对象的知觉也可能是不一样的。例如"野营帐篷"，在战争环境里与在和平环境里，人们对它的感知就不一定相同。因此，人的知觉就不再是对自然环境被动的生理适应，而是对社会环境的能动反映。有目的有意识的、比较持久的对客观对象的知觉，便是观察。

因为客观事物无比丰富，人总是经过识别有选择地以少数事物或事物的某些方面作为知觉对象，对它们知觉得格外清晰。这种选择性随着人们长期的经验和习惯固定下来，并经常处于不自觉的状态之中。审美中的知觉也具有特定的选择性，它经常抑制对于对象其他方面的反映，而突出地选择、感知对象的某一个方面。在审美中，知觉经常充分停留在对象本身上面，让对象本身的现实的感性形态获得充分的注意和观察，让对象的形体外貌、形式结构、色彩线条获得充分的揭示和暴露。所以，一个画家对一棵树的审美知觉，可以充满许多为常人所忽略的精细的形象内容。画幅所以需要有画框，戏剧所以需要有舞台，审美上的原因之一，便是为了让知觉能集中在对象的一个方面，把知觉的别的方面（如知觉到画幅不过是一块胶布，剧中人不过是扮演出来的）暂时抑制下去。初到一个陌生的地方，或者在很熟悉的地方突然换一个角度看景物，之所以有时也可以产生一种使自己觉得惊异的、新鲜的审美感受，原因之一也正在此。正由于知觉的有所选择，它才不是一种被动的感觉。

总括审美中知觉的活动和特点，首先是它特别注意选择感知对象的形象的特征，使知觉中的感觉因素得到高度兴奋，使对象的全部感性丰富性被感官所充分感受。其次，在审美活动中，知觉因素是受着想象的制约的，想象以各种联想方式加工和改造着知觉材料。在审美感受的心理活动过程中，就一般情况看来，知觉先于想象，但知觉和想象互相作用着。或者是特定的知觉引起特定的想象，或者是特定的想象促进了知觉的强度。

二、想象

人在反映客观事物时，不仅感知当时直接作用于主体的事物，而且还能在头脑中创造出新的形象，即是没有直接感知过的事物的形象。这种特殊的心理能力，称为想象。

想象这种心理能力，是人类在长期的劳动实践过程中逐步发生和发展起来的。马克思说："劳动过程结束时得到的结果，在这个过程开始时就已经在劳动者的想象中存在着，即已经观念地存在着。"正由于人有这种想象的能力，人的有目的的创造性劳动才成为可能。

想象与记忆有密切的联系。没有记忆就没有想象，想象凭借着记忆所供给的材料进行活动。它是在人的头脑中改造记忆中的表象而创造新形象的过程，也是过去经验中已经形成的那些暂时联系进行新的结合的过程，所以，它虽然具有很大的创造的性质，但实质上仍是对现实反映的一种特殊形式。人不能想象在客观世界中没有任何客观根据的事物。不管是人首蛇身或神话世界，都只是现实世界中的事物在头脑中的特殊的组合。想象具有形象的特点，并经常与人们实践活动中的一定的需要、愿望和情感相联系。

想象是一个具有广阔内容的心理范畴。但是艺术创作、艺术欣赏活动的想象，与科学的想象是有区别的。审美中的想象，包括观赏风景的各种审美活动中的想象，区别于工程设计等科学研究中的想象的特征之一，是不带直接的功利目的，并伴随着爱或憎等情感，与情感互相作用着。例如杜甫的《对雪》中的名句，"瓢弃樽无绿，炉存火似红"，酒器中没有酒且不说，分明没有火而又觉得炉中似乎有火，这种幻觉的产生，是诗人发挥想象的结果。而这种想象活动的引起，既与他的记忆相联系，也是此时此地的诗人感到孤独和贫困的情绪状态所促成的。制造火炉的设计当然也需要想象，但它恰恰不满足于构成幻象，而是紧紧和怎样才能发热的功利目的结合着。

按照想象内容的独立性、新颖性和创造性的不同，前人把想象分为再造性想象和创造性想象两类。再造性想象是主体在经验记忆的基础上，在头脑中再现出客观事物的表象。创造性的想象则不只是再现现成事物，而能创造出新的形象。不论是艺术创作还是艺术欣赏，一切审美活动总需要有所发现，有所增添，才能产生新鲜的愉快的感受，所以它经常总是既熟悉又不熟悉的，也就是再造性想象与创造性想象的结合和统一。

人们的想象活动与他的生活教养、经验密切相关。各种形式的想象是建立在人类特有的高级神经活动的基础上的，而其内容则是社会生活的复杂联系的能动的反映。想象是能动的，却不是纯主观性的；是自由的，却不是任意性的。想象不论自觉或不自觉，总是受着客观对象本身的要求所规定和制约。它必然地指向一定的方向，这样才能达到对于对象的审美素质的真正把握。

想象在审美中具有重大作用，成为审美反映的枢纽。早在 18 世纪，即有美学家认为审美中感觉并不重要，"想象"的愉快才是审美的特征。当时的哲学家都注意过表象本身之间的各种联系，许多著名的作家、艺术家对此也有过不少生动的表述。审美所以能使人透过对某种对象形式的知觉，直接去把握它的深刻的内容，产生认识与情感相统一的观照态度，主要是凭借和通过审美中想象活动来进行和实现的。

现代格式塔心理学派在美学中绝对否定想象的作用，只强调可视知觉的"完形"。这样，它实质上便导向了一种神秘的形式主义，即认为对象的美是因为在形式（主要又是线条结构）上有一种符合于主观生理、心理结构的形，而一笔抹煞了对对象感性形式的知觉所引起的具有社会内容的丰富的想象。实际上，没有想象，便不能唤起特定的情感态度，也不能产生特定的审美感受。

第二节　情感与思维

一、情感

审美感受的一个突出的特点，是它带有浓厚的情感因素。

情感是人对客观现实的一种特殊的反映形式，是人对客观事物是否符合自己的需要所作出的一种心理反应（感觉、知觉、记忆、思维等，都是对客观事物的一种认识活动）。跟认识过程不同，情感和情绪不是对客观对象本身的反映，而是对对象与主体之间的某种关系的反映。所以它表现为对待客观对象的一定的主观（肯定或否定的）态度。这种态度与人的活动、需要、要求以至理想，亦即与人的利害有密切的联系。对象与主体需要不同的关系产生不同的情感，不同的情感又驱使主体采取不同的活动，以符合主体的要求和需要。与动物的情绪不同，人的情感是社会历史的产物，具有社会的内容和社会的意义。情感和其他心理能力一样，是在人的长期劳动实践中产生和发展的，并且对实践起着反作用。列宁曾经说过，没有“人的情感”,就从来没有也不可能有人对真理的追求。

在审美活动中所产生的情感活动,有时也被称作审美快感,但这容易与生理快感混为一谈。生理快感不过是由生理欲望和冲动得到满足而引起的身心快适,它在本质上是物质性的,而不是精神性的。审美快感则是一种精神的愉悦,它要求的是所谓“赏心悦目”,而不是物质情欲的发泄。因此,它是人的一种高级的情感活动。

审美中的情感活动,以对审美对象的感知为基础。一般说来,主体的情感活动与对象的感性形式是密切联系着的。在审美中,审美对象引起的感觉、知觉、表象本身就带有一定的情感因素,而在知觉、表象基础上进行的想象活动,更推动情感活动的自由地扩展和抒发。所谓“登山则情满于山,观海则意溢于海”,就是对古人的审美中情感活动伴随对对象的感知而展开的描述。这也就是“情景交融”的境界。在我国古代的诗论和画论中,对于审美中的这种“情”与“景”的关系问题,有着大量的记述,并把它作为衡量艺术作品的艺术性的一条重要标准。王夫之曾说:“夫景以情合,情以景生,初不相离,唯意所适。截分两橛,则情不是兴,而景非其景。”人们在欣赏艺术作品时,不但感知着作品所描写的景物形象,而且感受着体现于这景物形象中的艺术家的情感体验,从而引起人的共鸣。“昔我往矣,杨柳依依;今我来思,雨雪霏霏。”(《诗经·采薇》)在这短短四句诗中,杨柳飘飏与雨雪交加的景,跟离乡远戍和凄凉归来的情交织在一起,读者从那对杨柳和雨雪的描绘中,感受到诗人的情感的波动,不知不觉地进入诗的境界,深深受到诗情的感染。

审美情感虽然总的说来是从美的享受中得到的愉快,但其内容并不是单一的,而是依据审美对象内容的不同而引起不同的情感态度。悲剧所引起的快感与对剧中人物的情感态度(如同情等)不可分割,它与喜剧所引起的快感,例如笑,在本质上便不相同。优美的抒情小调与雄壮的进行曲,其唤起的情感体验也有显著区别。

如前指出,情感是客观对象与自己的关系的主观反映,是主体对待客体的一种态度,因而随着立场观点、主观条件的不同,随着主体与对象的客观利害关系的不同,具体的情感也有所不同。人们的社会阶级性,由于个人生活和教育的差别,渗透于其情感的心理深处的表现形态十分复杂。在人们的日常审美感受中,经常不自觉地表现了种种阶级倾向,就是同一审美对象,对不同时代、不同阶级的人们所唤起的情感态度,既有联系的一面,又有差别的一面,但它在审美感受中都起着重要作用。

二、思维

在审美感受中,思维的地位与作用以及思维活动的形式如何,是一个有争论的问题,因而是一个更需要继续探讨的问题。

思维是一种在感觉、知觉、表象等感性认识基础上产生的理性认识活动,它是通过概念、判断、推理的形式对现实所作的概括反映。它反映的不是客观事物的个别特征和外部联系,而是客观事物的内部联系。人们通过思维达到对事物本质的认识,因此,和感觉、知觉、表象等对客观事物的直接的感性反映比较,它是更深刻、更完全,也可说是更高级的反映。

一方面,思维在审美中是有着重大作用的。审美作为艺术地掌握现实的一种方式,即认识和反映现实的一种特殊的形式,具有一般认识功能,能够揭示客观事物的本质。思维是审美中不可缺少的组成部分,不但像再现性强的艺术经常需要经过一定的概念(如绘画、电影)进行审美欣赏,就是一些再现性较弱而表现性较强的艺术(例如建筑、音乐),如果要获得真正的审美效果,仍需思维活动在其中起作用。这包括人们过去的认识成果和文化修养(例如对音乐的知识)在起作用,只是人们往往没有意识到这种作用罢了。正是思维在审美中规范知觉、想象的趋向,前者渗透融化于后者之中,人们才能不只是看到对象的感性形态自身,而且通过它获得了对生活的广阔的理解、认识,达到对对象的深刻把握,艺术家才能把许多个别的特殊的感觉材料集中、综合,概括为典型形象,揭示出客观事物的本质特征。这样,审美感受才不是一种低级的感性知觉,或一堆空幻的主观想象,而是富于深刻认识内容的对生活的能动反映。形式派美学家,像贝尔、洛絮·佛莱等人完全排斥概念的因素,强调对线条作纯粹形式的反应,认为只有这种反应才是真正的美感,说“对再现的任何贡献都是艺术的损失”等等,实质上便把审美中丰富的现实内容剥夺掉,把审美的不可分割的各种因素抽象出来加以排除,把审美感受与人们的其他活动、特别是人们长期积累起来的认识成果和认识功能隔绝开,把审美感受空洞化和神秘化了。

另一方面,又必须看到在审美中的思维活动的特点。这种特点从现象形态上看,表现为一种似乎是不经思索地直接达到对审美对象的理解。所谓理解,就是认识了事物的本质,它是认识过程的最终成果。当然,在这种直接性的形式下仍然进行着思维活动,不过在这里,思维是在生动的创造性的想象中不着痕迹地起着作用的。例如,电影中的蒙太奇,“把无论两个什么镜头对列在一起,它们就必然会联成一种从这个对列中作为新的质而产生出来新的表象”。由于这种新的质并不直接表露在镜头的外部,而是蕴藏在两个镜头之间内部的逻辑关系上,随着对这些联系的迅速理解,人的反映也就从感性的反映转到理性的认识。也就是从两个各自独立的镜头的感性内容即艺术形象的媒介,推断出那些没有直接作用于人的感官的事物的本质属性。人们在审美中常常并不自觉地意识到逻辑推理,而且,如果以一般的逻辑推理来替代审美反映所特有的这种具体的、感性的、形象的理解形式,便会丧失艺术的本质,也不免损害人们的审美愉快。

审美感受中并非只有一种心理因素在发生作用,而是多种因素同时作用的过程。根据人类认识活动的总的规律来看,一般地说,在审美中,人们通过感觉感知审美对象,并在审美主体的一些主观条件的影响下将知觉专注于对象的感性、具体性的形态,使直接的感觉因素获得充分的兴奋,使对象的这一方面获得了充分的注意,从而构成审美感受。但审美感受不单纯是一种感性的认识。审美主体往往结合感性的形象,通过想象和思维的相互作用,把感觉和知觉到的直观和表象，加以去粗取精、去伪存真、由此及彼、由表及里的改造制作，既保留了现象中的具体性、鲜明性、生动性，又到达了深刻地反映和认识事物的本质，从而构成审美感受中的理性认识，由此而产生一种特有的情感愉悦，进入了审美感受的高级状态，完成审美感受作为情与理相统一的心理功能。在这个审美认识的理性因素中，知觉、想象、思维的结果，不是以理论的形态给人以明确的概念（观点），而是始终没有脱离感性的形象性、具体性。审美感受所以在哲学上被称为"观照"，并不是意味着一种"无所为而为"的静观，不是一种消极被动的感受，不是一种既非认识又非情感的神秘经验，而恰恰是一种既有思维又有情感的反映和认识，是一种主动积极的感受，是导向实践激发人们行动的力量，是由于审美感受因经由知觉、想象对对象凝神专注而获得一种本质的认识，由这种认识而产生一种情感上的满足和喜悦。但是，也有一些美学家利用审美感受的复杂心理特征，片面地夸大和歪曲它的某些现象或某些环节，反对唯物主义反映论。它们总的特点是抹煞审美的伦理的功能和认识的作用，宣扬各种反理性主义和主观唯心主义。

总之，一方面应该承认，审美心理活动是一个非常复杂的、尚未彻底搞清的问题，还要继续深入地进行研究。在这种研究中，应该充分利用和吸收现代心理学的科学成果。另一方面，也必须肯定，对审美心理的研究，应在辩证唯物主义认识论的指导下，在对美的本质的唯物主义解释的前提下，得到真正的科学结论。

思考题

1. 如何理解美感的各种心理要素？

2. 美感的各种心理要素的共同特征是什么？

第七章 美 育

第一节 美育的历史和现状

美育,又称审美教育。美育是素质教育的重要组成部分,美育的核心与主要途径是艺术教育。美育的根本目的,是促进人的和谐发展,培养全面发展的人才。与此同时,美育也是美学学科的组成部分,学习美学与研究美学最终都应该在美育中得到实现与发展。

一、美育的历史

美育是审美教育的简称,它在本质上是一种情感教育。无论是在中国还是在西方,早在两千多年前就已经产生了美育思想。但是,明确提出"美育"这一概念并且加以系统论述的,应当是近代德国美学家席勒。1793 年,席勒以书信体写成的《美育书简》一书,第一次在美学史上提出了比较系统和全面的美育理论,从理论上深刻阐述了美育的必要性和美育的意义,被后人称为"第一部美育的宣言书",并成为审美教育形成独立理论体系的标志。

实际上,在古代虽然尚未提出美育的概念和体系,但是,美育思想和美育实践却早已存在。在中国可以追溯到先秦时期的孔子、荀子等,在西方可以追溯到古希腊的柏拉图、亚里士多德等。

早在先秦时期,孔子就大力倡导美育,提倡"诗教"和"乐教"。孔子的思想以"仁"为核心,而要达到"仁"的精神境界,就必须经过主体自身的修养和锻炼,成为一个有教养的、完美的人,这自然离不开"诗"和"乐"。正是在这个意义上孔子明确提出了:"兴于《诗》,立于礼,成于乐。"此外,孔子还主张美与善的统一,他赞扬《韶》乐"尽美矣,又尽善也",批评《武》乐"尽美矣,未尽善也"。显然,孔子是把尽善尽美作为评价艺术的标准,强调把道德境界与审美境界统一起来。儒家学派中的荀子,继承和发展了孔子的美育思想,对儒家美育思想作了较为系统的论述,成为儒家美育思想的集大成者。荀子认为"人性恶",必须通过后天的教育才能把人的性恶改为性善,只有造就完美的人格,才能使社会实现和谐与安宁。荀子十分重视审美教育,认为"性不能自美",只有通过诗、书、礼、乐才能改造人性,使人去恶从善,强调了美育的道德教化作用。以老子、庄子为代表的道家学派在美育方面也有自己独到的见解。老庄思想以“道”为核心,主张“道法自然”“天人合一”,强调审美的超功利性,把审美的境界看作一种超越感官享受之上的绝对的精神自由。因此,老庄的美育思想与儒家学派有很大的区别,不再强调美育的道德教化功能,而是强调通过对自然美的欣赏,获得情感的满足与精神的解放,达到人格的完美与个性的自由。应当说,在这方面老庄的美育思想比儒家的美育思想具有更加精辟的见解。在先秦以后的漫长封建社会里,历朝历代的许多思想家、教育家、美学家先后发表过对于美育的看法。

虽然在我国古代社会中美育思想的发展有着漫长悠久的历史,但直到近代才明确提出“美育”的概念。我国近代最早系统地宣传美育,并把美育与德育、智育、体育相提并论的是清末著名学者王国维。王国维在我国近代史上第一个把美育概念引入中国,并且对美育的地位和作用进行了全面的分析。他一方面提出了美育本身的特点和独特价值,另一方面也指出了美育与德育、智育、体育之间不可分割的联系,对中国近代美育思想的发展具有开拓性的意义。我国近代美育思想的集大成者是著名教育家蔡元培。他在担任南京临时政府第一任教育总长和北京大学校长期间,不但大力倡导美育,而且致力于将美育付诸实践。蔡元培首先将美育纳人教育方针,并且对美育的实施也提出了许多具体的设想。他认为美育有三个途径:家庭美育、学校美育和社会美育,并分别提出了许多具体措施。此外,蔡元培还提出了著名的"以美育代宗教"的观点,揭露了宗教的欺骗性,强调了艺术的美育作用,提倡将文学艺术作为人的精神家园。近代中国大力提倡美育的,还有鲁迅、梁启超等人。

西方美学史上,早在古希腊时期柏拉图和亚里士多德就十分重视审美教育。柏拉图非常重视音乐的美育作用,认为音乐具有最强烈的力量可以深入人心,浸润人的心灵并使其得到美化。但是,柏拉图是站在奴隶主贵族的立场上来谈论美育的,因此他要求把不符合他的"理想国"要求的文艺作品包括荷马史诗、悲剧和喜剧等统统“赶出城去”。作为柏拉图的学生,亚里士多德的哲学观点与美育思想大大前进了一步,他认为人的本能、情感、欲望等,都是人性所固有的,应当通过正当的途径给以适当的满足,才能使人性得到协调与和谐的发展。正是从这种基本观点出发,亚里士多德认为美育的目的与作用应当包括教育、净化心灵、精神享受等三方面。亚里士多德的这些看法,对欧洲美育思想的发展产生了重大的影响。古罗马时期的著名诗人贺拉斯在他的著作《诗艺》里,第一个明确地将文艺的娱乐作用与教育作用统一起来,提出了“寓教于乐”这一著名论断,对后来的文艺批评与审美教育都产生了重大影响。欧洲中世纪,宗教占据统治地位,直到文艺复兴时期才从封建神学的束缚中解放出来。在欧洲文艺复兴运动期间,文艺创作与审美教育都得到了较大的发展。

近代西方从 17 世纪中叶起,社会生产力与科学技术取得了迅速的发展。近代西方的启蒙运动思想家,一般都非常重视美育,认为美育是启蒙教育的重要内容,文学艺术是启蒙教育的重要手段。18 世纪德国启蒙运动代表人物、著名剧作家和诗人席勒在美学史上首次明确提出“美育”这一概念。在《美育书简》中,席勒将古代希腊社会与近代欧洲社会进行了对比,感到在古希腊社会中,人的天性是完整和谐的,人格是完美的,个人与社会之间也十分协调。席勒认为,近代大工业社会造成了人性的矛盾和分裂。近代社会严密的分工和职业的区别,不仅使社会与个人之间产生了严重的分裂,而且使个人本身也产生了人性的分裂。近代人在物质和精神、感性和理性、现实和理想、客观和主观方面都是分裂的,已经不再像古希腊人那样处于完美的和谐状态了。因此,席勒极力主张通过审美教育来克服人性的这种分裂。席勒认为,人身上有两种相反的要求,可以叫做“冲动”:一个是受感性需要支配的“感性冲动”,另一个是受客观规律限制的“理性冲动”。这两种冲动都是人的天性,完美的人性应当是二者的和谐统一。只不过在近代工业社会中,人性被分裂开了。因此,席勒指出,需要有第三种冲动即“游戏冲动”作为桥梁,将二者有机地统一起来。因为“游戏冲动”是人的一种自由自觉的活动,它既可以克服“感性冲动”从自然的必然性方面强加给人的限制,又可以克服“理性冲动”从道德的必然性方面强加给人的限制,使人具有真正完美的人性。当然,席勒在这里所说的“游戏”并不是指现实生活中的游戏,而是指与强迫相对立的一种自由自觉的活动,是一种审美的游戏或艺术的游戏。席勒极力主张通过美育来培养理想的人、完美的人、全面和谐发展的人。应当承认,从美育理论的发展历史来看,席勒对于美育的认识,确实突破了古希腊时期单纯把美育作为道德教育的特殊方式或补充手段的狭隘观点,把美育提到培养全面发展的人的高度来认识,对后来世界各国的美育理论产生了很大影响。西方现代美育思想发展史上,美国教育家杜威、前苏联教育家苏霍姆林斯基等人都曾对美育理论的发展做出过贡献。

二、美育的特征

美育与其他形式的教育的基本区别,在于美育具有形象性、娱乐性、自由性、普遍性等特点。

1. 美育的形象性

美育的形象性是美育的首要特点。美育是从观赏美的形象开始,并且始终离不开美的形象,让受教育者通过美的形象来领悟美的内涵。无论是自然美、社会美,还是艺术美,它们首要的特征就是形象性。在自然美中,无论是巍峨雄伟的东岳泰山,还是奇峰险峻的西岳华山,无论是湖泊如明镜的四川九寨沟,还是山水相辉映的湖南张家界,都是以千姿百态的自然美形象,激发人们对祖国山河之美的热爱。社会美中,无论是精神美还是人格美,也都以具体的形象感染人、教育人。艺术美更是离不开形象性,艺术的基本特征之一就是形象性。换句话讲,艺术形象是艺术反映生活的特殊形式。艺术形象是客观与主观的统一,任何艺术作品都是既反映出现实社会生活,又表现出艺术家对于生活的理解,如法国批判现实主义画家米勒的著名作品《拾穗者》就是鲜明的例子。艺术形象又是内容与形式的统一,优秀的艺术作品都是深刻的思想内涵和完美的艺术形式的有机统一，如法国著名雕塑家罗丹的作品《巴尔扎克像》就达到了内容和形式的完美统一，真正在形似的基础上达到了神似。艺术形象还是个性与共性的统一，如鲁迅笔下的阿Q和祥林嫂，都达到了文学宝库中艺术典型的高度，既有鲜明独特的个性，同时又具有丰富而广泛的社会概括性。可见，审美教育是一种形象教育。

形象性是美育的首要特点，也使得美育与其他教育形式区别开来。美育是通过具体可感的形象，使受教育者亲闻其声，亲见其形，在审美愉悦中达到教育目的。而德育、智育则是以抽象的、概念的形式，凭借文字和符号，依靠概念、判断、推理的逻辑方式来传授知识。由此可见，形象性是美育的显著特点之一。美育的形象性特征，使其具有易于被学生所接受的长处，通过具体可感的直觉形象、极其生动的各种形式，调动人们的审美兴趣，激发人们的审美情感，满足人们的审美愿望，使人们获得审美享受。因此，虽然有文化水平、年龄、修养等方面的差异，美育都是易于被人们所接受的。当然，美育更符合青少年接受知识的特点，因而更为他们所喜闻乐见。

2. 美育的娱乐性

娱乐性是美育的鲜明特点。早在古罗马时期，贺拉斯就提出了"寓教于乐"主张，强调艺术欣赏活动不仅可以使人们满足精神上的审美需要，身心得到积极的休息，而且还可以从中受到教育和启迪。根据《辞海》，"娱乐"即"娱怀取乐"，具有"欢乐""快乐"的意思。美育之所以特别容易被人们所接受，尤其是受到广大青少年的欢迎，很大程度上就在于美育具有娱乐性的特点。自然美使人流连忘返，艺术美使人陶醉其中，获得极大的满足和快乐。从某种意义上讲，精神享受给人带来的巨大愉悦，有时甚至会超过物质享受。据说先秦时期"子在齐闻《韶》，三月不知肉味"。显然，美育的娱乐性与一般意义上的娱乐不同，它不是低级媚俗，也不是为娱乐而娱乐，美育的娱乐性是一种超越生理快感和物质享受的高层次的审美愉快，更加具有精神享受的价值，因而也更加持久、更加强烈，是一种高层次的精神性娱乐。

人的生活需要欢乐，人的生活需要美和美育。贝多芬著名的《第九交响曲》可以说是他全部创作的高峰和总结。当这首乐曲在维也纳首演时，也是贝多芬最后一次在广大听众面前亲自指挥乐队演出。由于当时贝多芬的耳疾严重恶化，已经完全听不见满场雷鸣般的掌声，演出结束后观众仍不愿离去，使得贝多芬谢幕竟达五次之多。这首交响曲的结尾就是著名的合唱《欢乐颂》，贝多芬采用了席勒的同名诗歌，以优美的音乐一次又一次地重复着这个欢乐主题，"唱吧，让我们更愉快地歌唱，更欢乐地歌唱。欢乐，欢乐，欢乐女神，圣洁美丽，灿烂光芒照大地"。显然，审美快乐是一种特殊的快乐，更加具有精神享受的特色。正是在这个意义上，周恩来同志曾讲道："有人问我，文艺的教育作用和娱乐作用是否是统一的？是辩证的统一。群众看戏、看电影是要从中得到娱乐和休息，你通过典型化的形象表演，教育寓于其中,寓于娱乐之中”。所以,“寓教于乐”的这种娱乐性,正是美育的一个鲜明特征。

3. 美育的自由性

自由性是美育的显著特点。一般来讲,智育、德育等教育方式都或多或少要采用灌输的方式来进行。智育、德育基本上是在课堂上进行,大多采用教师讲授和学生听讲的形式。而美育的特点,恰恰是采取自觉自愿的自由方式进行。人们走进电影院或是来到音乐厅,或是自己弹奏钢琴或是放声歌唱,或是流连于美术馆与展览厅,或是纵情游览祖国的大好河山,都是出自内心的愿望而不是由于外力的强制。事实上,人们总是怀着浓烈的兴趣自由自觉地从事审美活动,并且在潜移默化中不知不觉地接受美育。近代美育理论奠基人席勒早就指出了美育的这个重要特点。他在著名的《美育书简》中,就把审美活动称为“游戏冲动”,强调指出审美活动是与强迫相对立的一种自由自觉的活动。席勒不仅指出了美育是用一种自由的方式来进行的,而且还说明了美育的目的是使人们获得更多的自由,即成为全面发展的完美的人。正是在这个意义上,席勒强调:美育是“通过自由去给予自由,这就是审美王国的基本法则”。

正因为美育具有自由性的特点,所以美育常常是在不知不觉中潜移默化地完成的。美育具有非强制性和自主性的特色,能够使受教育者在自由自愿、不知不觉的情况下受到教育,情感受到熏陶,心灵得到净化。如美育中的爱国主义教育,当你欣赏东海之滨或是泰山之巅的自然美时,当你欣赏从北朝民歌《木兰诗》中“万里赴戎机,关山度若飞”,到南宋诗人陆游《示儿》中“王师北定中原日,家祭无忘告乃翁”的文学美时,当你欣赏从电影《林则徐》、《鸦片战争》,到电视专题片《话说长江》《话说运河》的艺术美时,实际上都在潜移默化地接受着爱国主义教育。美育对人们产生的影响,经过日积月累的长期作用,往往具有更强的稳固性和延续性,长远而深刻,并最终成为人生观、世界观中核心的组成部分。

4. 美育的普遍性

普遍性是美育的重要特点。美的普遍性决定了美育的普遍性。美是无时不在、无处不在的,美育也就无时不可进行、无处不可进行。尤其是现当代,随着科学技术的发展和人民物质文化生活水平的提高,美和美育在人类生活中占据越来越重要的位置,它不只是在学校的课堂或校园中进行,而是进入到人类生活的各个领域,具有美育生活化的发展态势。完全可以说,美育涉及当今人类生活的方方面面。自然美、社会美、艺术美,以及日常生活中的美容美发、形象设计、服饰打扮、家居装饰等,都离不开审美和美育。审美教育在现当代社会的生活化趋势,使得人们在日常生活中也随时可以受到美的熏陶和教育,美育正在成为一种生活教育或人生教育。

美育的普遍性从纵的方面来考察,它存在于人类文明社会的每一个阶段,也贯穿于人的整个一生。中国从先秦时期开始,西方从古希腊时期开始,两千多年来中西方的美育传统从未中断，历朝历代都在自觉或不自觉地进行着美育，体现出美育的社会历史普遍性。从个人来看，甚至从胎儿躁动于母腹时，音乐“胎教”便已经开始了，可见，人的生命形成之初，审美教育就已开始进行。从幼儿园、小学、中学直到大学，美育和艺术教育都在不间断地进行。当人们从学校毕业参加工作以后，不管他或她从事何种职业，都不可能不涉及艺术和审美，或者看电影，或者听音乐，或者上剧院，或者读小说。甚至步入老年之后，美育仍在继续进行，很多老人退休之后学习书法、绘画，或者唱歌、跳舞，在美的世界中颐养天年。从这个意义上讲，美育是实实在在的终身教育。

美育的普遍性从横的方面来考察，它存在于人类社会与日常生活的方方面面。美育存在于自然风光中，美育存在于社会环境中，美育存在于文学艺术中。我国近代著名美育理论家蔡元培先生曾颇有感触地指出：“名山大川，人人得而游览；夕阳明月，人人得以赏玩；公园的造像，美术馆的图画，人人得而畅观。”齐宣王称“独乐乐，不若与人乐乐”“与少乐乐，不若与众乐乐”，陶渊明称“奇文共欣赏”，这都是美的普遍性的证明。

第二节　美育的任务及其素质教育

为了培养全面和谐发展的人，美育的基本任务就是引导人们树立正确的审美观，帮助人们提高审美能力，培养人们的审美创造力，塑造完美的人格。具体说来，美育的任务主要包括以下四方面。

一、美育的基本任务

1. 树立正确的审美观

审美观是人们对美的基本观点与看法，它是世界观、人生观的重要组成部分。人们对世界真、善、美三方面的认识，分别构成真理观、伦理观、审美观，这三者既有区别又有联系。爱因斯坦曾经说过：“照亮我的道路，并且不断地给我新的勇气去愉快地正视生活的理想，是善、美和真。”与爱因斯坦一样，历史上许多伟人都是因为对于真、善、美的强烈热爱和执著追求，通过不断奋斗，终于成就一生事业。审美观与真理观、伦理观一道，构成了人们对世界、对人生的总的看法。

所谓审美观，是指人们在社会实践活动中，特别是审美实践活动中所形成的关于美、美感、美的创造等问题的基本观点，是从审美角度对客观事物进行判断和评价的审美观念的系统化。审美观是在审美实践和审美创造中形成的，反过来又对人们的审美实践和审美创造起着指导和制约作用。审美观主要包括审美理想、审美情趣、审美标准等。审美情趣又称审美趣味，是以个人爱好的方式表现出来的审美倾向性，审美情趣来源于人的审美理想，审美情趣又决定着人的审美标准。正因为审美情趣对人的审美观有如此重要的影响，所以思想家和教育家们都把培养人的健康高尚的审美情趣，作为美育的重要任务之一。

审美观既有社会性又有个体性，既有共同性又有差异性。一个人的审美观，往往要受到时代、民族、社会、文化的影响，具有某些共同性和社会性的特点；与此同时，又要受到职业、学历、年龄、性格等个体因素的影响，从而具有差异性和个体性的特色。就拿人体美来说吧，不同时代对人体美就具有不同的审美情趣和审美标准。例如我国汉代是以瘦为美，汉代美女赵飞燕就是一位身材瘦削的美人。史书上记载赵飞燕当时可以掌上舞，就是讲赵飞燕身轻如燕，可以在一位力士伸出的手掌上跳舞。而到了唐代则是以胖为美，唐代美人杨玉环就是一位体态丰满的美女，白居易《长恨歌》中曾讲到“温泉水滑洗凝脂”。“燕瘦环肥”的说法由此而来。可见，仅对于人体美，不同时代的审美标准就有如此明显的差异。甚至同一时代的不同阶级对人体美也有不同的审美标准。俄国的车尔尼雪夫斯基就讲过：“丰衣足食而又辛勤劳动，因此农家少女体格强壮，长得很结实——这也是乡下美人的必要条件。弱不禁风的上流社会美人在乡下人看来是断然不漂亮的，甚至给他不愉快的印象，因为他一向认为。消瘦不是疾病就是‘苦命’的结果。”显然，审美理想、审美情趣和审美标准，确实具有时代性、民族性、阶级性、地域性的特点。但同时必须承认，审美理想、审美情趣和审美标准，又具有某些共同性特征。

2. 提高审美能力

审美能力是指审美过程中主体应具备的各种能力，包括审美感受能力、审想象能力、审美理解能力、审美鉴赏力等。其中，最重要的是培养审美鉴赏力。人的审美能力和审美鉴赏力不是天生的，而是长期实践的结果。作为历史发展的产物，人类的审美能力在不同的社会历史时期有不同的水平，鉴赏者个体的审美能力更是需要在长期的审美活动与艺术实践中培养与提高。

审美能力或审美鉴赏力的提高，首先离不开大量鉴赏优秀文艺作品的审美实践。多听音乐就能培养和提高耳朵的音乐感，多看绘画就能训练和发展眼睛的形式感，文学作品读得多了，艺术修养与鉴赏力自然就会得到培养与提高，正所谓“熟读唐诗三百首，不会做诗也会吟”。其次，要提高审美能力或审美鉴赏力，还必须熟悉和掌握美学的基本知识与艺术的基本规律，包括熟悉和掌握各个艺术门类的审美特征和艺术语言。例如，绘画语言主要是线条、色彩和形体，音乐语言主要是旋律、和声与节奏，电影语言主要是画面、声音、蒙太奇等。尤其是审美能力或审美鉴赏力的提高，必须建立在感受力、想象力和理解力的基础上，俗话说，“会看戏的看门道，不会看戏的看热闹”，只有真正具备了审美鉴赏力，才能看出“门道”来，特别是要领会和理解深藏在文艺作品之中的艺术意蕴，就必须具有相应的艺术修养与鉴赏能力。例如,叶圣陶先生在《文艺作品的鉴赏》一文中,曾经以唐代诗人王维的诗歌佳句“大漠孤烟直,长河落日圆”为例说,这两句话10个字简单得很,如果仅仅就字面来解释就无法理解其内在深刻的意蕴,必须充分调动感受力、想象力和理解力。“像这样驱遣着想象来看,这一幅图画就显现在眼前了,同时也就接触了作者的意境。……现在读到这两句,领会着作者的意境,想象中的眼界就因而扩大了,并且想想这意境多美,这也是一种愉快。假如死盯着文字而不能从文字看出一幅画来,就感受不到这种愉快了。”从这个角度讲,美育和艺术教育就是要通过培养与提高人们敏锐的审美感受能力、丰富的审美想象能力和深刻的审美理解能力,来达到培养和提高人们审美能力与审美鉴赏力的目标。

3. 培养审美创造力

审美创造力是人所特有的一种高级能力,它是人的本质力量的充分发挥和展现。人类认识世界的目的在于能动地改造世界,同样,人们感受美和鉴赏美的目的也是为了表现美和创造美。人与动物的根本区别在于人具有创造能力,正是人的这种创造力,使得社会不断发展,人类自身不断完善。美的创造活动是人类创造活动中的高级活动,所谓审美创造力,就是指人在审美实践的基础上按照美的规律创造美的事物的能力。

人的审美创造力是在实践中不断丰富和发展起来的,在审美实践活动与艺术创造活动中,人的爱美的天性、创造的天性可以得到充分的发挥。这方面有许多生动的例子。前苏联著名作家高尔基,仅读过两年书,更没有进过学校专门学习写作,而是从10岁开始就干活谋生,做过装卸工人、面包师傅等,全凭做工之余勤奋自学,阅读了大量优秀的文学作品,培养和发挥了审美创造力,写出了许多优秀的文学作品。尤其是他的自传体小说三部曲《童年》《在人间》《我的大学》更是记录了他自己的亲身经历,写出了童年的辛酸、人间的痛苦,以及他在社会这所大学里的种种感受。与此同时,审美创造力的培养与提高,也离不开熟练掌握审美创造的技巧。著名画家达·芬奇刚开始学绘画时,老师维罗基奥让他成天画鸡蛋,达·芬奇对此十分不满,但是经过一段时间的刻苦练习后,他很快悟出了其中的道理并崭露出艺术天才。达·芬奇后来在维罗基奥所画的《基督受洗》一画的前景上,加画了一个跪着的小天使,小天使的形象如此绝妙,引起老师的惊叹和感慨,使老师从此放下画笔转而从事雕塑艺术了。

人的审美创造力的培养和提高,更离不开创造性思维的训练和培养。艺术与科学的一个重要共同点,就是二者都离不开创造性思维。科学的发展离不开创造性思维,有了创造性思维,哥白尼才敢于违抗教会提出“日心说”;有了创造性思维,爱因斯坦才违反惯性思维提出“相对论”。艺术与审美同样离不开创造性思维,优秀艺术家甚至在一生的艺术实践中都在不断运用创造性思维进行艺术实践。好莱坞影后葛丽泰·嘉宝在《瑞典女王》这部影片的最后一个镜头中,以创造性思维设计出一种“无表演的表演”方式,成为世界电影史上的经典镜头，给观众留下了深刻难忘的印象，开启了一种新的表演方式。国画大师齐白石擅长画虾，他在60岁前画虾追求形似，但神韵不足；他在70岁时画的虾已有质感，堪称形神兼备；他在80岁以后画的虾，更是形神毕肖，仿佛不是画在纸上而是活在水中，艺术上达到了炉火纯青的地步。白石老人曾在自己的一幅作品上写到："余之画虾已经数变，初只略似，一变毕真，再变色分深淡，此三变也。"

4. 塑造完美人格

塑造完美人格，促进人的全面和谐的发展，应当说是美育最根本和核心的任务。中外历史上的思想家、教育家们之所以特别重视美育，其主要原因就是美育在塑造完美人格上具有其他教育无法替代的重要作用。我国先秦时期的儒家就强调美与善的统一，主张通过"诗教"和"乐教"来培养和造就完美的人格，从而达到"仁者爱人"的精神境界。德国近代启蒙运动思想家席勒，极力主张通过审美教育来克服人性的分裂，恢复人的自由和完整的天性，培养理想的人和完美的人，培养全面和谐发展的人。

如前所述，现当代的人本主义心理学十分重视研究人的需要、潜能、价值等，他们还提出了健康人格的概念。所谓健康人格，就是指人的诸种心理机能处于一种和谐平衡的状态，具有充沛的活力与丰富的情感，智商与情商协调发展，具有自我实现的追求和完美的人性。尤其是人本主义心理学创始人马斯洛，在其需要层次论中，将人的生理需要归纳为低级需要，将人的精神需要归纳为高级需要。在马斯洛看来，具有"健康人格"的人，更加重视"爱的需要""尊重的需要""认知的需要""审美的需要"和"自我实现的需要"，这种富有崇高理想的人完全可以超越物质需要或生理需要，坚持不懈地追求精神需要和高级需要，充分发挥人的价值和潜能。毫无疑问，美育的核心就是要培养全面和谐发展的健康人格。正如前苏联美学家鲍列夫所说，"审美教育的最佳成果应当是造成一个完整而和谐、具有自身价值和社会价值、具有能动创造性的人"。

二、素质教育与美育

素质教育的重要组成部分是美育。美育的核心与主要途径是艺术教育。教育的根本任务是培养高素质的人才。为了使青少年成为全面发展的人，就必须加强素质教育。人的素质是多方面的，包括思想道德素质、科学文化素质、身体素质与心理素质、审美素质等。我们的教育就应当以全面提高学生的综合素质为目标，尽快从应试教育转到素质教育的轨道上来。在素质教育中，美育具有十分重要而又特殊的地位，它是素质教育的一个重要组成部分，对于培养全面发展的人才具有重大意义。这是因为审美素质是人的全部素质中不可缺少的重要方面，要提高全民的素质自然也就包括提高审美素质，而人的审美素质的提高亦会反过来影响和促进人的整体素质的提高，造就全面发展的一代新人。

在素质教育中,美育与德育、智育、体育之间既相互区别又相互联系,既相互渗透又相互促进。美育与德育的关系,从理论上讲就是美与善的关系问题。虽然美育与德育各自研究的对象与任务不同,各自实施的方法与效果不同,但是,美是以善为前提的,二者又相互联系与相互渗透。在德育中运用美育的方式,可以使理性的灌输变成生动的形象感染,使道德说教真正转化为道德情感,使人的思想道德在潜移默化中得到净化与升华。与此同时,德育对美育同样具有积极促进的作用,美育可以通过以美引善,提高人的精神境界,陶冶人的情操,净化人的心灵。从这个意义上讲,善是美的灵魂,美是善的光辉。美育与智育的关系,从理论上讲就是美与真的关系问题。虽然美育与智育具有非常明显的区别,但美是以真为基础的,二者同样是一种辩证统一的关系。美育应当通过以美启真,激发人们追求真理的热情与学习科学的兴趣,使人们在追求美的过程中发现科学、发现真理。如著名物理学家、诺贝尔奖得主杨振宁教授一篇学术报告的题目就叫《对称中的美》,他认为数学、物理学中达到了对称,就达到了美,也就达到了真。另一位诺贝尔物理奖得主李政道教授 1993 年在北京炎黄艺术馆举办的科学与艺术研讨会上有一句名言:科学与艺术是一枚硬币的两面,谁也离不开谁。美育与体育的关系,同样是一种辩证统一的关系。自古以来,健与美就是相互联系的,体魄的健美是全面和谐发展的人不可缺少的重要部分,体育中包含了许多美育的因素,美育也可以促进体育的发展。有的体育项目更是体现出体育与艺术约有机结合,如艺术体操、冰上芭蕾、健美操等。特别是当代教育中,身心健康也包含着心理健康,美育在这方面更是大有可为。美育应当通过以美怡情,疏导人的情感,令人怡神悦态,促进身心健康发展。总之,美育要同德育、智育、体育一道,使受教育者在思想品德、智力技能、生理心理、情感心灵等方面都得到自由和谐的发展,培养出全面发展的高素质人才。

美育的核心是艺术教育。实施美育的主要途径也是艺术教育。现当代社会中,“艺术教育”这个概念有着两种不同的含义和内容。从狭义上讲,“艺术教育”是指培养专业艺术人才或艺术家,如各种专业艺术院校就是如此。从广义上讲,“艺术教育”作为美育的核心与主要途径,它的根本目标是培养全面发展的人。因此,广义的艺术教育强调普及艺术的基本知识,通过对优秀文艺作品的鉴赏,来提高人们的审美修养和艺术鉴赏力,培养人们健全的审美心理结构。同时,作为美育的核心内容,艺术教育对人们道德的完善和智力的开发也将产生深远的影响,它可以丰富人的想象力,发展人的感知力,加深人的理解力,促进人的创造力。

在现当代社会中,这种广义的艺术教育显得更加必要和紧迫。特别是 20 世纪下半叶以来,科学技术与生产力以人类历史上前所未有的速度获得了巨大的发展。一方面造成了物质财富的极大丰富,人们在物质生活方面变得更加富有和舒适,有了更多的闲暇时间和消遣需要;另一方面,高科技社会又使社会分工更加专门化和职业化,激烈的竞争和高强度的工作节奏,大大加重了人的精神压力,消费社会中物欲横流更是给人类社会带来了深刻的危机和隐患,人们在精神生活方面反而变得更加焦虑和不安。席勒早在 18 世纪时发现的大工业社会中人性的分裂,"感性冲动"与"理性冲动"之间的冲突,在当代社会中变得更加尖锐突出。当代西方发达国家后工业社会中,人们被竞争所烦恼,被物欲所淹没,物质消费掩盖不住精神空虚,孤独、寂寞、颓废、悲观弥漫了精神领域。在这种情况下,艺术格外受到当代人的青睐。人们需要在艺术中恢复自身的全面发展,防止感性与理性的分裂,通过对艺术与美的追求达到个性的发展和人格的完善。著名物理学家爱因斯坦喜爱音乐,精通文学,他特别喜欢陀思妥耶夫斯基的小说和贝多芬的音乐作品,自己还经常拉小提琴和弹钢琴。爱因斯坦本人讲到,在科学领域里和艺术领域里对真、善、美的不断追求,照亮了他的生活道路,激发了他的想象力和创造力。

从总体上讲,艺术教育的任务与目标同美育一样,就是培养全面发展的人才。具体来讲,艺术教育的任务又可以分为以下几方面:一是普及艺术的基本知识,提高人的艺术修养。艺术修养是人的文化修养的重要组成部分,也是人文精神的集中体现。现当代社会中的人,必须具有较高的文化修养与艺术修养,才能适应社会的发展与时代的需要。如前所述,当代社会中几乎人人都离不开艺术,但要真正具备较高的艺术修养,还需要掌握艺术的基本知识和基本原理,在艺术欣赏中不断提高鉴赏能力和审美能力。二是健全审美心理结构,充分发挥人的想象力和创造力。艺术教育之所以在整个教育中具有特殊的地位与作用,是因为它可以培育和健全人的审美心理结构,培养人们敏锐的感知力、丰富的想象力和无限的创造力。我国著名物理学家钱学森十分重视美育和艺术教育,强调音乐艺术对启发人的创造性思维至关重要,他晚年甚至花费大量时间来研究美学与艺术方面的问题。哈佛大学校长尼尔·陆登庭 1998 年在北京大学发表演讲时,谈到 21 世纪全世界高等教育面临的主要挑战和重要任务时,他首先提到了"人文艺术学习的重要性"。他着重指出,哈佛大学之所以重视人文艺术学习,是因为"这种教育既有助于科学家鉴赏艺术,又有助于艺术家认识科学。它还帮助我们发现没有这种教育可能无法掌握的不同学科之间的联系"。三是陶冶人的情感,培养完美的人格。列宁曾经说过:没有人的情感,就从来没有也不可能有人对于真理的追求。由于艺术是审美情感的集中体现,因而,艺术教育对于人的情感的培养与提高具有特别重要的作用。历来的思想家、艺术家们都十分重视艺术对于人的情感的陶冶和净化作用,强调通过艺术教育来培养人们美好、和谐的情感和心灵,从而实现完美人格的建构。艺术教育作为美育的核心内容和主要手段,正是通过以情感人、以情动人的方法,陶冶人的情操,美化人的心灵,使人进人更高的精神境界,成为一个具有高尚情操的人。

第三节 美与军旅人生

我们还要认真讨论一下美、美育和人生与军旅人生的关系。这个问题,说简单就很简单,说复杂就很复杂。因为美与人生塑造,本身就是俯拾即是,同时也是稍稍追问,就难以说清楚的问题。曾子说,“吾日三省吾身”。就是说,每天都要反省自己。为什么要反省?就是对自己的言行对错正误进行分辨与思考。分辨正误对错,就是在对自己的人生进行“修枝剪桠”“扶正祛邪”。这项工作就是美的人生塑造,也是用美的言行来塑造人生。孔子说,“三人行,必有我师焉”,孔子又说,“见贤思齐”。这些意思是说,每一个人身上,都有值得学习的地方,谁做得好,就向他学习。这些行为和规范,归根到底一句话,就是对真善美的追求。追求的结果,也就是在塑造美的人生,同时,也是在塑造人生的美。当然,世界上的“美与人生”的塑造大师,远远不止孔子一个人。这里只是举这个例子说明,美与人生塑造对人类个体品格修养和整体生存发展的普遍有效性。

一、每个人心中,都有一块属于美的角落

中央电视台的军事频道曾经播出过一位在军事医学领域做出很大成就的学者。多年前,他是一个农村出身的雪域高原卫生兵。那时他的理想和兴趣,并不是当卫生员,也不是学医,而是想当作家。因为一件事,也就是他亲眼看见自己的战友因为高原病离去,他的兴趣和理想发生了改变。那是某一年春节,那天,风雪弥漫,他正好值班。躺在病床上奄奄一息的战友,用微弱的声音告诉他:“想……吃……绿色的……蔬菜。”那时的高原部队,还很艰苦,菜盆里,大半年都见不到绿色的蔬菜。他冒着风雪,出门去给战友挖野菜。走了好久好远,一株野菜也没有看见。后来,在冒着牛粪烧出淡淡炊烟的藏民毡房一角,扒开积雪,采摘了几片野菜,放进篮子里提着,高高兴兴地回到部队卫生院。可是,他的战友已经去世了。于是,他从此就下决心认真学医。考军校,读本科,读研究生,再到日本、德国访学和留学,二十多年后,他成为闻名军内外、国内外专门攻克高原病的专家学者。现在还主持国内某军医大学的高原病防治研究所,招收硕士、博士。接受采访后,在播出他先进事迹的电视画面里,观众可以看见他背后的书架上,有不少哲学、艺术、美学方面的书。他说他从小就喜爱文学,希望能当作家。那是不少进入军营的战士青春时代的梦。这个画面,在我们的脑海中停留了很久。它说明的道理只有一个:人生,与美同行。军旅人生,亦是如此,理当如此。这里的美,可以是一些美学、哲学、艺术的知识,还可以是从这些知识中获得的精神营养。也是这些知识和营养,塑造出属于医学的军旅人生。这个故事还说明,美与人生是双重塑造、互相塑造的。

大凡在这个世界上,无论在哪个领域,做出大大小小成就的人,没有哪一个是对美学,尤其是对艺术毫无兴趣的人。因为,人类取得的所有成就,都可以归结为文化的成就,哲学与审美,是最深刻、最有灵气的那一部分文化。哲学给人理性,美学能给理性和思维插上腾飞的翅膀。要想在某一领域创造独特的成果,最终得益于思维的独特,独特思维得益于哲学。如果你要想在你的创造过程中,无论创造什么,期待出现“灵光”闪现的效果,很大程度上,

就依赖于艺术与美学了。"灵感"并不仅仅属于艺术家,自然科学领域的研究和创造,"灵光闪现"就解决大问题、大难题的例子,比比皆是。无论你知不知道什么是美、什么是美学,这些属于美的精神营养价值,无时无刻不存在于你的创造活动中。你心中有多美,你创造的事业和人生就有多美。这就是人们所说"每一个人心中,都有一块属于美的角落"的原因。这个角落,亟待开发,烁待发现,而且,它蕴藏的巨大创造能量,假如充分开发出来,无论如何高估,也不过分。

二、美,是人类一切物质创造和精神创造的动力之源

美是人类一切物质与精神创造的动力之源,而且是最终的、唯一的动力之源。这个有些武断的论断,不是从哪本经典哲学、美学名著,或者教科书上学习来的。用个比较通俗一点的话说,就是对于美和美学认识的独特理解和创造。这个论点很容易被认为,好像世界上什么都是美,没有什么不是美的了。的确,这个世界上什么都是美,或者什么都牵涉到美,没有和美完全无关的东西;只是美的形态、价值和层次不同。《维纳斯》的美,和木匠打出来的一根板凳,铁匠敲出来的一把锄头,都属于人类的创造。只要有创造,就包含着智慧、才能、选择和技巧。只要有智慧、才能、选择和技巧,就有美的因素掺杂其中。但锄头的美和板凳的美,就和《维纳斯》的美不处于同一个层次上。在这个世界上的任何创造,都属于美的创造。工人、农民创造劳动美,军人、学生创造社会美,商人创造社会财富美,科技人员创造科学文化美,艺术家创造艺术美,连乞丐假如他也要加入创造生活的行列的话,他也可以创造社会生活美。比如拾荒的老人,汶川地震中捐款的乞丐,可以表现和创造心灵美。罪犯可不可以创造美?这个问题要具体分析。罪犯从事危害社会与人类的犯罪行为,不是在创造美,而是在制造罪恶。但改造罪犯和罪犯的改造,就属于社会美。在这里一定要对美的定义和现象,有一个充分和准确的认识,不要认为美就是一种舒服、开心的感受,比如看到朝霞、温暖的阳光,美啊!看到漂亮的姑娘,美啊!当然不是说,明媚的阳光,如阳光般美丽的姑娘不美,而是说这些感性的、很易发现的、表象的美,并不是美的全部,甚至并不是美的主要和重要的部分。也不要认为,美就是一曲音乐、一幅绘画、一段舞蹈、一部电影、一篇小说、一首诗歌。给人看起来的美,和创造时的思维、智慧、选择、技巧的美有联系,但不是一回事。正是因为任何创造,都需要属于美的思维、智慧、才能、技巧参与其中,我们认为达·芬奇的绘画和爱因斯坦演算数学、物理方程式,都同样属于美的创造,只不过创造的形式、形态、结果不一样罢了。政治家、军事家、自然科学家、社会科学家,哪一个的创造及其成果,不是美的创造?人类物质领域和精神领域最伟大的创造者,西方的比如柏拉图、牛顿、爱因斯坦、莎士比亚、贝多芬、拿破仑、华盛顿、托尔斯泰;中国的比如司马迁、唐宗宋祖、张衡、郭守敬、黄道婆、李白、杜甫、曹雪芹、孙中山、毛泽东,他们哪一个人生的创造,不是美的创造?这就是,从成果看,他们创造的都是人类物质领域和精神领域美。只不过这些美的形态和表现不同。不可见的

思维的美,往往绝大多数时候表现的效果,是任何可见的形象的美不能比拟的。牛顿、爱因斯坦的思维,开启了西方现代工业革命的先声,给人类社会带来的物质财富和精神财富,无论用怎样的美的字眼去形容,也不过分。邓小平同志一句“改革开放”,这种思维的美,直接演化和转化为中国当代社会物质与精神财富的巨大涌现,这种美,也是没有哪一个艺术家创造一首诗、一幅画来形容和描写,能够满足和比拟的。这里意思是,思维的美,心灵结构的美,远远比我们可见的美的形态,价值更大。

美,就是在这个层次上,成为人类一切物质创造与精神创造的动力之源。只要是正常思维的人,活在世界上的一切活动,都是一种创造性的活动。只要有创造,就需要思维、智慧、才情、情感和技巧,就需要选择,需要灵气与眼光。这一切需要的问题,根底上就是审美的问题。这些属于美的创造,在物质领域创造和表现出来,就是物质的美;在精神领域创造和表现出来,就是精神的美。贝多芬谱一段绝妙的音乐,和一个医生巧妙地给病人做一台效果惊人的手术,在创造奇迹的天平上,他们心中需要的美感、获得的美感和表现的美感,其质地和成色是一样的,只是创造的对象和手段不同。当然,需要的美感、获得的美感和表现出来的美感,又有本质的差别。不能说听贝多芬的交响乐和观摩医生这台妙手回春的手术,获得的美感是一样的。

这里着重强调,思维层次的美,对人类创造的普遍适用性和绝对有效性。它可以促进人类在任何领域做出天才的、惊天动地的物质成果创造和精神成果创造。“神来之笔”“有赖神助”“灵光闪现”,不仅可以出现在张旭、王羲之的书法作品中,还可以出现在牛顿、爱因斯坦、柏拉图、托尔斯泰、贝多芬的物理、哲学、文学、艺术世界的建构中,也可以出现在拿破仑、华盛顿、毛泽东、邓小平的军事学、社会学建构中。当年,在西南险恶的崇山峻岭中,处在绝境中的中国工农红军,驾着船在一条普通的河流——赤水河上穿来插去,几个来回就摆脱数十万强悍的追兵,使几万红军绝路逢生(四渡赤水),不是毛泽东的神来之笔么?解放战争“三大战役”,本来计划打八年,所谓等于抗战时间的八年。实际上是当初能不能打赢,谁都没有把握。但彭德怀说,“但共产党不会被消灭”。这句话的信念价值,高于实际的军事力量对比价值。结果,摧枯拉朽,三年下来,就看到曙光了。毛泽东这种源于对中国历史与战争规律的“道”的把握,获得的打仗的灵气与自由,不就是如有神助的“神来之笔”么?

这里说对事业和人生创造绝对有效性和普遍适应性的“美”,有下面一些含义:第一,它可以是美的知识。注意,不仅仅是美学知识。凡是包含着既真又善的人类知识,都属于美的知识。第二,可以是一种对美的现象的感受。比如,春天的一缕“湿漉漉”的布谷鸟的叫声,能勾起你亲切遥远的美的情思。这种美的情思,可以给你的心灵,展开一个自由飞腾的空间。这种空间,对诗人写诗也好,对辛苦算数学方程的科学家也好,都是需要的。因为只有那样的空间,才极有可能闪现出你把诗和方程式做到最美境界的“灵光”。第三,这种美更重要和更主要的是一种自由灵动的审美思维。有了这种自由灵动的思维,你手上创造出来的成果,必然另有一番境界。

中国乒乓球队,为什么打遍天下无敌手?中国足球队,为什么打得那么辛苦,却难以换来一场淋漓酣畅的胜利?原因绝对是:他们究竟谁获得了自己对这项运动(乒乓球、足球)的“道”(规律)的认识和把握,从而达到了自由灵活创造的境界。“悟道”“得道”,也是长期蛰伏(积累),才能获得自由的。读书人都可能有这种经验,某个班学习成绩一直不好,老是上不去,换一个经验丰富的老师,“三下五除二”,学习就搞上去了。搞好一个单位、一个公司,甚至一个国家,也是这样。不是因为这些能“挽狂澜于既倒”的人物,是什么绝妙的天才,而在于他们得了“道”,悟了“道”,行为也就自由,成就也就越大,他们创造的美与价值也就越大。

三、美帮助成就人生和事业的方式

1. 熏陶式而不是填鸭式

我们常说,“艺多不压身”“万丈高楼平地起”。要求老师,自己有一桶水,交给学生一碗水,这样的教学,就会自由得绰绰有余。在这个世界上,做哪一项工作都是这样。功夫在诗外。单纯只会写诗,只能是一个写诗的匠人。刘邦、项羽可能从来没有学习过写诗,刘邦曾经拿儒冠(读书人的帽子)来尿尿。项羽也绝对不是一个饱读诗书的人。但是,他们领兵打仗,人生的经历和历练,做到了那个分上,冲口而出的《大风歌》和《垓下曲》,“大风起兮云飞扬”“力拔山兮气盖世”等,都成为千古绝唱,令世上大多数写诗的人羞愧不已。他们“诗歌”的一碗水,是从人生的一桶水、一池水,或者大江大河之中流淌和奔涌出来的。我们要学会历练自己人生的大江大河,然后再不用多么艰苦的历练,写诗的小溪小流,也就汪洋恣肆了。自然科学做出成就的科学家,包括那些政治家、军事家,何尝不是如此、应该如此?没有哪一个只有单一知识的人,能在自己这个领域,有“如鱼得水”的创造,并达到自己事业的人类文化的高峰。

克林顿的萨克斯管,吹出的不仅仅是潇洒,而且有相当的专业水平。有一个电视画面介绍,叶利钦接见来使,因为喝醉了酒耽误了时间,他来后不是立即接见来使,而是跳进乐池,像模像样当起了音乐指挥家。那些年流行的朝鲜电影《卖花姑娘》感动了多少中国人?有谁知道它的编剧,居然是金正日呢?萨达姆临上绞刑架写的诗,是我们很难看到并感动的外国优秀诗歌之一。卡扎菲是利比亚作家协会的名誉主席,长江文艺出版社前些年,在他还没有被美军击毙之前,出版过他的小说集。这些政要人物对艺术与美的爱好,还不能说是玩票性质,而且有很大程度上的专业色彩。也不仅仅是丰富他们的业余文化生活,而是他们作为政治家的创造力,在艺术领域不小心流露了一点,就丰富了文化领域的创造成果。一个有创造力的人,他的人生历练到了那个分上,做什么学问,都可能到达很高的境界。郭沫若后期的诗歌遭人垢病，但他的甲骨文研究，开拓意义无人可比。沈从文被划为右派后，不能写小说了，他写了一部《中国服饰史》，成就裴然。大哲学家维特根斯坦，写出《逻辑哲学论》之后，认为自己把哲学的话，说得差不多了，就不搞哲学了，就去编小学生用的《德文字典》，对小学生学习德文影响很大。后来他自己去设计建造一栋乡间别墅，很有艺术价值和德国风味。当地出版商编辑名人辞典，居然把他列人建筑家名录，对他的哲学成就却毫无所知。

创造，天才的创造，需要美的营养浇灌。这种营养，单单苦学美学知识，是得不来的。它是一种心灵内涵催生的精神创造动力与能力，是创造专业成果之外的文化历练和人生历练。还是说刘邦，他写诗的才华，是从他的军旅生涯中、马背上，而且是惊心动魄的征战和血流成河的战争中历练出来的。"大风起兮云风扬"的磅礴，是战争的磅礴给他带来心灵世界磅礴的泄露。"威加海内兮归故乡"的荣耀，接着是一声"安得猛士兮守四方"的苍凉、悲壮，之中包含的荣与辱、喜与悲、苦与难，本质上还是悲怆。人生与战争的历练，给予刘邦的，不是知识，而是来源于人生的精神和灵魂滋养。这种滋养和历练，是没有一个老师可以教会刘邦的。

2. 借鉴式与融化式

所谓借鉴式，就是指许多艺术门类，技艺和方法是可以借鉴的，甚至是相通的。取得自然科学和社会科学成果所使用的方法和技巧，是可以借鉴，而且在根本的思维上，是相通的。比如，毛泽东写诗的技巧和方法，和他领兵打仗、治理国家的某些方法，基本上是一致的。

美的修养，可以直接得益于成就我们事业需要的修养。试想，没有哪一个仅仅在学校算了四年方程式，对美与艺术毫无兴趣的理工科学生，会是一个有特别大的发展前途的好学生。思维支配行动。因此，我们有一个最主要的军事美学观点的精髓是：提高军事审美力，可以而且必须直接转换为军事生产力、军事战斗力。一般审美力和人生创造力的关系，亦如此。

3. 天才式——审美与自由、人生与事业创造的最高审美境界

天才式的审美方式，就是指各门类成果创造，和美的创造完全融化为一体，帮助我们达到事业顶峰，取得"天才"式的成果。那时，进入悟"道"（规律）与自由创造完全融合之境。郭晶晶跳水表现的"人体诗行"（韩国媒体赞誉），不仅是得益于美，创造着美，而是直接达到了审美创造的最高境界。因为她对跳水这种职业的规律完全把握了，悟"道"了，具有那种创造美的潜能和底气，也就无敌于天下。所以，郭晶晶每次比赛，和当年袁伟民指挥女排打球一样，无论竞争（打得）多么激烈，他们都沉着如有大将之风。因为他们心里有底。可能有人会说郭晶晶，可能并不知道什么是美学。给她讲哲学与美学，她会头痛得不得了。但是，笔者认为，郭晶晶跳水所创造"人体诗行"美，和刘邦写诗的美一样，不是可以靠讲就能讲出来的，别人手把手地教，也教不出来，而是她对她所从事的职业，无数次的艰苦磨炼之后、之中"悟"出来的。郭晶晶的"内秀""悟道"和在跳台上表现出来的"灵气"与自由，恰恰是美的精华。没有这些精华做动力和养分滋养，她不可能把她的跳水事业，推向这个领域的高峰。

这是不完全靠言说能达到的最高境界，而是把事业、职业、人生，直接作为艺术、审美创造，自由进入“化境”。当然，在这里以郭晶晶为例，并不是无聊地吹捧某一个体育运动员。换言之，如果你是李白和托尔斯泰，还用得着担心谁写诗和写小说会超过自己么？还用得着担心自己写的诗和小说不会流传千古么？

美能给人生、事业创造，带来天才般的化境。进入这个境界，柏拉图称之为“神灵凭附”“代神发言”。既然因为“神灵凭附”，总有几分神秘色彩。水至清则无鱼。“天才”总是有点神秘，甚至云遮雾罩的。球场上满场跑的人并不是打球的天才，他对他的职业，还没有达到自由驾驭的境界，远不如马拉多纳、罗纳尔多在球场穿来插去、回环往复，如入无人之境。毛泽东指挥了上百次战争、战役和战斗，身上没有一个伤疤。国共两党的胜败，肯定最终胜败在一种文化。这里的文化，和写诗填词没有本质的联系。但有属于社会、历史和军人个体创造力、审美力的精神血肉联系。蒋介石的书法，也写得古奥苍苍，但他的心灵，有多少阳光，还很难说。他把在大陆惨遭失败的原因归结为杀人太少，撤离重庆之前，制造了惨绝人寰的大屠杀。而共产党领导的军队，翻遍党史军史，没有哪一个地方留下他们屠杀老弱妇女儿童的万人坑。相反，传出的只是共产党军队优待俘虏、改造并特赦战争罪犯的佳话。所以，笔者认为，只有品味纯正的心灵创造力，才能带来品味纯正的人生创造力。心灵世界有多美，创造的世界，包括你的职业和事业创造的成果，就有多美，才能有多美。

美，是人类固有的、蕴含着极大创造力的心灵、精神、情感价值和养分，它可以给我们的任何物质成果和精神成果创造，带来高超的、独特的思维、智慧、才情、灵气和技巧。人生指个体人生、社会人生、历史人生。军人是人类社会历史中承担特殊使命的一员，只要我们理解、接受并创造了这样的美，不管有意无意，不管你做什么，和领兵、打仗有没有关系，都能创造出属于自己的美与艺术的人生。

四、怎样实现美的军旅人生

1. 给精神留位

不管是作为军人，还是普通人，你的所有生活和心灵，都不要塞满了物质利益的斤斤计较，增加美的知识，熏陶素养，虽然目前说培养心灵的高贵，有点奢侈。但仍要坚信，只有心灵的高贵，才有事业和人生的高贵。人类社会发展，历来如此。现在和未来，永远都不会改变。而美，最能培养人高贵的精神营养。

2. 给情感放假

在高贵与世俗之间平衡感情，提高精神含量，追求品位。所谓放假，还有轻松、和谐之意。不要遇到什么事情都火冒三丈。军人上战场，是可以火冒三丈的。但审美的人生和艺术的人生，往往是游刃有余、温文尔雅的。即使上战场，烽火连天的岁月，也有诸如刘帅、叶帅那样的儒帅。

3. 让心灵“飘逸”

多想想古今中外，埋头拉车，抬头看路，也要看天看云。无论身处都市军营，还是卫戍边关，你都要善于摄取天地自然之间美的智慧、灵气与精华，以利创造。狭窄的心灵，永远不会闪现创造的灵光。热爱生活，热爱人生，对理想抱一份执着，对人生抱一份深情。“东方欲晓，莫道君行早，踏遍青山人未老，风景这边独好。”

这里，借用毛泽东的这句词，想说明的是：生命之树长青，事业与人类的爱与美永恒。不急躁、不烦恼、不自满、不自卑。对美与事业的理解、追求和创造，永远没有止境，也没有谁早到与迟到的区分。无论从什么时候开始，无论创造什么、创造多少，也来得及，只要你真正创造了那么一点点，此生足矣。“朝闻道，夕死可矣。”人类的美与人生创造，历来如此。

思考题

1. 美育的特征有哪些？美育的任务是什么？
2. 怎样看待素质教育与美育的关系？
3. 怎样实现军旅人生的艺术化与美化？

参考文献

[1]杨辛. 青年美育新编[M]. 北京:北京大学出版社,1998.
[2]蒋冰梅. 美育学导论[M]. 上海:上海人民出版社,1990.
[3]李范. 美育基础[M]. 北京: 中国人民大学出版社,1999.
[4]仇春霖. 大学美育[M]. 北京:高等教育出版社,1997.
[5]顾建华. 美育新编[M]. 北京:北京出版社,1991.
[6]涂途. 西方美育史[M]. 北京:红旗出版社,1988.
[7]司有伦. 新编美学教程[M]. 北京:中国人民大学出版社,1999.
[8]车尔尼雪夫斯基. 艺术与现实的审美关系[M]. 周扬,译. 北京:北京人民文学出版社,1979.
[9]鲁迅. 鲁迅全集[M]. 北京:北京人民文学出版社,1981.
[10]马克思. 马克思恩格斯选集[M]. 北京:北京人民文学出版社,1972.
[11]马克思. 马克思1844年经济学——哲学手稿[M]. 北京:北京人民文学出版社,1983.
[12]黑格尔. 美学[M]. 朱光潜,译. 北京:商务印书馆,1984.
[13][德]海德格尔. 存在与时间[M]. 陈嘉映,王庆节,译. 上海:三联出版社,2000.
[14]爱森斯坦. 爱森斯坦论文选集[M]. 魏边实,等,译. 北京: 中国电影出版社,1962.
[15]康德. 判断力批判[M]. 邓晓芒,译. 北京: 人民出版社,2002.
[16]宗白华. 宗白华全集[M]. 合肥:安徽教育出版社,1994.
[17]雷圭元. 中国图案作法初探[M]. 上海:上海人民出版社,1979.
[18]克罗齐. 美学原理[M]. 朱光潜,译. 北京:外国文学出版社,1983.
[19]汪流. 艺术特征论[M]. 北京:文化艺术出版社,1984.
[20]杨春时. 美学[M]. 北京:高等教育出版社,2004.
[21]朱光潜. 朱光潜全集[M]. 合肥:安徽教育出版社,1990.
[22]王朝闻. 美学概论[M]. 北京:人民出版社,1981.